Fotos von
Sølvi dos Santos
Text von
Lanning Aldrich

Wohnen auf

MALLORCA

Menorca
Ibiza
Formentera

CHRISTIAN VERLAG

INHALT

VORWORT VON SØLVI DOS SANTOS

Die Balearen sind auf einer Europakarte leicht zu übersehen – wer nicht mit ihrer genauen Lage vertraut ist, muss direkt danach suchen. Trotzdem besitzen diese kleinen Inseln eine starke, unverkennbare Identität, und jede zeigt zudem ein ganz charakteristisches Gepräge. Dies ist nicht nur den Inselbewohnern selbst zu verdanken, sondern auch jener Unzahl von Festlandsspaniern und Ausländern, die Mallorca, Ibiza, Menorca oder Formentera zu ihrer (zweiten) Heimat gemacht haben. Die meisten von ihnen sind keineswegs zufällig an Land gespülte »Robinson Crusoes«; es sind vielmehr weit gereiste Kosmopoliten, die hier ihr eigenes kleines Paradies gefunden haben.

Diesen Eindruck fand ich bestätigt, als ich nach mehr als zwanzig Jahren erstmals wieder die Insel Ibiza besuchte. Bruno Reymond, der den Sprung vom »steingrauen Paris auf die Sonneninseln« erfolgreich geschafft hatte, lud mich mit dem Versprechen ein, ich würde reichlich Material für ein Buch finden. Er hatte Recht. Die Eigentümer der vorgestellten Häuser, von denen viele sich hier eine völlig neue Existenz aufgebaut haben, sind überaus faszinierende Menschen, die glauben, in ihrem Insel-Zuhause ihre Fantasien ausleben zu können. In ihren ungemein persönlichen Wohnungen findet sich häufig eine bunte, multikulturelle Mischung: von Reisen mitgebrachte Möbel aus vier Kontinenten, mallorquinisches Kunstgewerbe, Antiquitäten und alle möglichen anderen Objekte. Endprodukt zumeist zahlreicher stilistischer Entscheidungen, offenbaren diese Häuser viel über die wahre Natur ihrer Besitzer. Und häufig resultiert ihre Schönheit mehr aus einer Überfülle kreativer Ideen denn aus einer Fülle von Finanzmitteln.

Last but not least bedenken Sie, dass alle Aufnahmen in diesem Buch »aus dem Leben gegriffen« sind. Ich habe bewusst auf Beratung durch Dekorateure und auf überdimensionierte Blumenarrangements verzichtet. Vielen Dank all denen, die uns Einblick in ihre »private Welt« gewährt haben.

EINFÜHRUNG

Seit Generationen sind die Balearen beliebtes Reiseziel für all jene, die unseren Sommer verlängern und auch im Winter Sonne tanken wollen. Aber fast noch länger locken diese mediterranen Inseln (Hobby-)Künstler, die hier Inspiration suchen. Dieses Buch zeigt einige ausgefallene und/oder exklusive Interieurs – von einer umfunktionierten Schäferhütte bis hin zum Nonplusultra an zeitgenössischer Architektur. All diesen Häusern, die sich gekonnt in die gewachsene Landschaft einfügen, ist zudem gemein, dass sie Persönlichkeit und Charakter ihrer Eigentümer spiegeln.

Doch auch die Inseln haben ihren ganz eigenen Charakter: Zwar bilden die Balearen geografisch einen Archipel, unterscheiden sich hinsichtlich der Topografie jedoch stark voneinander. Mallorca, die größte der vier, bietet auf ihren rund 3600 Quadratkilometern sehr abwechslungsreiche Landschaften – inklusive eines zerklüfteten Gebirgsrückens, der Serra de Tramuntana, die entlang der Nordwestküste verläuft und im 1445 Meter hohen Puig Major gipfelt. Ein weiterer, wenn auch wesentlich niedrigerer Höhenzug flankiert die Südostküste, während sich im Herzen der Insel eine weite, fruchtbare Ebene erstreckt, die im Südwesten in herrliche Sandstrände übergeht. Menorcas Topografie präsentiert sich ruhiger: sanftes Hügelland im Norden und ein karges Kalksteinplateau im Süden, dazu rings um die Insel malerische Buchten und Strände. Das hügelige Innere von Ibiza ist dicht bewaldet, entlang der Küste wechseln sich Felsklippen und Sandbuchten ab. Formentera, die kleinste Balearen-Insel, bietet niedrige Vegetation im Inneren des Eilands, sanfte Hügel an einem Ende, steile Klippen am anderen und dazwischen einen geschützten Sandstrand.

Auf halber Strecke zwischen Spanien und Nordafrika gelegen, waren die Balearen schon früh ein natürlicher Zwischenstopp für viele Reisende: Seefahrer auf dem Weg zum und vom Atlantik, Kaufleute auf ihren Handelsrouten – und, nicht zu vergessen, Piraten, die deren Schiffsladungen plün-

derten. Im Laufe ihrer Geschichte sahen die Inseln eine ganze Reihe von Eroberern kommen und gehen. Unter den einflußreichsten waren die Mauren, die vier Jahrhunderte lang – von 848 bis 1229 – ihre Geschicke bestimmten. Sie betrieben als Erste planmäßigen Ackerbau, terrassierten Hänge und errichteten Bewässerungsanlagen. Nach der Vertreibung der Mauren durch die Christen fielen die Balearen am Silvestertag 1229 an König Jaime I. von Aragon, und 1469 wurde der Archipel durch die Heirat von Isabella und Ferdinand Teil des neuen spanischen Königreichs.

Aus dem Katalanischen, das im Anschluss an die Reconquista von 1229 zur Hauptsprache avancierte, entwickelten sich die regionalen Dialekte: Mallorquí, Menorquí und Eivissenc (der Dialekt von Ibiza). Sie enthalten als Legat früherer Epochen zahlreiche Wörter aus dem Arabischen und anderen Sprachen. Unter Franco war Katalanisch (wegen des Widerstands der Katalanen gegen sein Regime) verboten und Kastilisch Amts- und Schulsprache, doch heute erleben das Katalanische und seine lokalen Dialekte ein echtes Comeback, und viele Städte und Straßen wurden wieder auf ihren ursprünglichen Namen umgetauft. In diesem Buch haben wir, soweit möglich, die katalanischen Bezeichnungen und Schreibweisen gewählt. Dennoch gibt es nach drei Jahrzehnten der Unterdrückung eine Vielzahl von Ungereimtheiten, was Aussprache und Schreibung angeht.

Intellektuelle und europäischer Adel entdeckten die Inseln bereits im frühen 19. Jahrhundert, doch erst nach dem Spanischen Bürgerkrieg und dem Ende des Zweiten Weltkriegs wurde der Tourismus zu einem bedeutenden Industriezweig.

Heute sind Charme und Sehenswürdigkeiten der Balearen längst kein Geheimtip mehr – doch wir hoffen, dass die herrlichen Interieurs in diesem Buch dazu beitragen können, aufzuzeigen, warum so viele Menschen auf diese wunderschönen Inseln kommen und warum nicht wenige danach alle Zelte zu Hause abbrechen, um für immer zu bleiben.

MALLORCA

IN EXKLUSIVER EINSAMKEIT

Versteckt und vor neugierigen Blicken geschützt, liegt in einem Tal am Fuße des Puig Major das Anwesen Moncaire in einer exklusiven Abgeschiedenheit, die selbst auf Mallorca ihresgleichen sucht. Ein einspuriges Sträßchen schlängelt sich in engen Kurven durch einen alten Eichenwald, in dem seit Menschengedenken Schafe weiden. Erst nach mehreren Biegungen erhascht man einen ersten kurzen Blick auf das Ziegeldach einer einsamen Finca, den Glockenturm ihrer kleinen Kapelle und ihren *mirador*, die Aussichtsterrasse.

Das Gebäude datiert aus dem 15. Jahrhundert und gehörte früher dem laotischen Prinzen Champasak, wurde jedoch von seinen jetzigen Besitzern vollständig renoviert und zum Teil auch umgebaut. Unter der Ägide des mallorquinischen Architekten Antonio Obrador ist so ein Haus entstanden, das – unter Verwendung traditioneller Materialien und Einbeziehung landestypischer Baustrukturen – heute als komfortables Familiendomizil dient. Sammlungen unterschiedlichster Natur (etruskische Ornamente, zeitgenössische Skulpturen und spanische Gemälde), verbunden mit englischen Erbstücken und mallorquinischem Mobiliar, verleihen Moncaire kosmopolitisch-kultiviertes Flair. Innen wie außen ist die Finca reich an Bezügen zur Architekturgeschichte der Insel – von der Bibliothek, die in Anlehnung an die der Can Vivot in Palma gestaltet wurde, bis hin zu dem herrlichen *mirador*, der überdachten Aussichtsterrasse, von der der Blick weit über das Tal reicht. Für Türen und die weitere Ausstattung wurden honiggelber mallorquinischer Stein und einheimische Hölzer verwendet; ihre charakteristische Farbe und Oberflächenstruktur unterstreichen den lokalen Charme. Wo beim Umbau der alten Finca moderne Lösungen eingesetzt wurden, erhalten inseltypische Materialien den Bezug zur Tradition.

Die neu angelegte Gartenlandschaft ist zum Teil streng geometrisch ausgerichtet: Gepflasterte Rechtecke werden unterbrochen von weiteren Rechtecken mit Rosen, Myrten und anderen Sträuchern. Hinter dem Garten schaffen von maurischen Felsrinnen bewässerte fruchtbare Felder Freiraum für Augen und Seele, bevor steile Felswände und nackter Stein die Landschaft zu dominieren beginnen. Ringsum gibt es kaum Zeichen menschlicher Besiedelung – abgesehen von der Finca scheint das Tal ganz in Besitz der selten gewordenen Adler zu sein, die, weit oben kreisend, vereinzelt auf die Schafe und Lämmer hinabspähen, die gemächlich weidend über die uralten Terrassen ziehen.

OBEN *Eingebettet in die gewachsene Natur, verspricht eine quastengeschmückte Hängematte friedliche Ruhestunden unter mallorquinischen Eichen.*

LINKS *Naturbelassene Steinblöcke bilden den seitlichen Abschluss sowie den Boden dieses Beckens. Der Entwurf – halb Swimmingpool, halb Felsenteich – stammt von dem Architekten Antonio Obrador. Der Blick von der Terrasse geht weit über das Tal bis zur zerklüfteten Bergkette und zum nur drei Kilometer entfernten Meer.*

LINKS OBEN *Im ganzen Haus sind faszinierende Sammlerstücke verteilt. Hier schmücken, fächerförmig dekoriert, diverse Messingmodelle einen Tisch in der »tafona«, dem einstigen Olivenpressraum. Die Eisen wurden zum Bedrucken von Stoffen benutzt.*

LINKS UNTEN *Viele Objekte sind schon seit Generationen in Familienbesitz. Der eiserne Ring ist Teil einer Sammlung etruskischer Ornamente. Auf seinen Kantenschrägen reflektiert sich matt das Licht.*

RECHTS *Die prächtige Ausstattung der historischen Can Vivot diente als Inspiration für die Schränke und Regale der Bibliothek, in denen die kostbaren antiquarischen und modernen Bücher der Hausbesitzer einen würdigen Platz gefunden haben. Die unteren beiden »Regale« sind in Wahrheit Schränke mit Trompe-l'œil-Buchrücken. Der Tisch mit dem kannelierten Sockel ist ein modernes englisches Möbel mit Tropenholz-Intarsien, die ausgefallenen Stühle (17. Jahrhundert) kommen aus Italien.*

GOYA
VELAZQUEZ
ANTHONY VAN DYCK
AFRICAN ART
ANCIENT MEXICO
AFRICA ADORNED
THE GARDEN

LINKS *Das Herz des Hauses bildet die ehemalige »tafona« des Gebäudes, ein riesiger Raum mit Galerie. Durch Anheben des Daches hat Obrador einen geräumigen, elegant proportionierten Wohnbereich geschaffen, der sein Licht durch ein hohes Bogenfenster erhält. Die Vorhänge, gewebtes Mohair aus Swasiland, fallen in fülligen Falten von einer massiven Stange, während die großen, einladenden Sofas und kostbaren Gemälde aus der Sammlung der Eigentümer dem urspünglich einfachen Bauernhaus stilvolle Wohnlichkeit und Noblesse verleihen.*

RECHTS *Zum Turm hinauf führt eine Wendeltreppe, ebenfalls ein Entwurf von Obrador. Kühle Steinstufen und weiß getünchter, rauer Putz lassen das Ganze fast wie eine Skulptur wirken.*

RECHTS *Der leichten Dachneigung folgend, steigen die Fenster dieses Schlafzimmers schräg nach oben an. Von der Fenstersitzbank eröffnet sich eine grandiose Aussicht – in die eine Richtung auf hohe Berggipfel, in die andere auf das Meer. Das Bett ist die Nachbildung eines traditionellen mallorquinischen Entwurfs.*

GANZ RECHTS *Dieses Bad hat der englische Künstler Nem Burgess mit botanischen Motiven geschmückt. Die zarte, pastellweißgrüne »Bepflanzung« schafft eine heitere Atmosphäre, die Welten von der eher kargen Landschaft von Moncaire entfernt scheint.*

MODERNE ZUFLUCHT IN OCKER

Welten entfernt von der Hektik, die den New Yorker Alltag seines Eigentümers bestimmt, atmet dieses Haus, das an der Stelle einer alten Finca unweit von Santanyí entstand, sichtbar Stille. Vermutlich war es die Sehnsucht nach eben dieser Stille, die den Kunsthändler Hans Neuendorf bewog, den Auftrag zu diesem Ort der Zuflucht an den namhaften Minimalismus-Architekten Claudio Silvestrin zu vergeben. Denn, so Neuendorf: »Minimalismus ist wunderbar beruhigend, ... frei von visuellem Lärm.«

Auf den ersten Blick scheinen die klaren Linien des großen Terrakotta-Quaders im Widerspruch zu seiner Umgebung – Olivenhainen und einem recht unregelmäßigen Patchwork kleiner Felder – zu stehen. Doch bei genauerer Betrachtung erkennt man, dass sich das Haus durch seine, wenn auch hochgradig stilisierte, Interpretation mallorquinischer Architektur nahezu perfekt in die Landschaft einfügt.

Inmitten ländlicher Stille erinnert die Atmosphäre auf dem gepflasterten, von massiv-monumentalen, neun Meter hohen Mauern umrahmten Hof an ein Kloster oder einen antiken Tempelbau. Doch gleichzeitig ist das Lebensgefühl des 20. Jahrhunderts niemals fern: An einer Stelle etwa unterbricht ein scharfkantiges Rechteck den asketischen Innenhof und öffnet sich zu einem überdachten Essplatz. Auch die Möblierung hält sich an das Schema der puristischen Ästhetik, ist schlicht und sparsam. Der massive Esstisch, integrierte Regale und eine eingebaute Sitzbank sind Teil des Entwurfs von Silvestrin und laden trotz ihrer scheinbaren Strenge zu ungezwungenem Beisammensein. Drei Meter hohe Glastüren gleiten geräuschlos in das dicke Mauerwerk und erweitern den Wohnbereich um eine volle Dimension.

Die starke mallorquinische Sonne hat der Architekt nie außer Acht gelassen: Außen zeichnen die klaren Linien des Baues messerscharfe Grenzen zwischen Licht und Schatten auf Wände und Boden, im Inneren bewahren kleine, mit Holzläden bestückte Fenster die Kühle. Zwar arbeitete Silvestrin viel mit italienischem Travertin, festigte aber durch den Einsatz von lokalem Santanyí-Stein vor allem im Außenbereich zugleich den Bezug zur Region.

Die Trockensteinmauern der alten Finca wurden bewusst belassen, doch durchschneiden geometrisch gerade Pflasterwege den Garten, und auch das Gras unter den Ölbäumen wird regelmäßig gemäht – unvermeidlicher Interessenskonflikt zwischen strikter Ordnung des Minimalismus und Ungebärdigkeit der Natur.

OBEN *Die obere Loggia, die den Innenhof überblickt, hat eine eingebaute Steinbank. Ein winziges quadratisches Fenster ermöglicht den Blick auf den dahinter liegenden Olivenhain.*

LINKS *Aus einer Wand des Innenhofs wurde für diesen Essplatz ein scharfkantiges Rechteck geschnitten. Der vierzig Meter lange Pool ist von Olivenbäumen umsäumt.*

OBEN *Die Küchenzeile, an einem Ende des Speisezimmers installiert, wird fast vollständig von einer travertinverkleideten Trennwand verdeckt, in bzw. hinter der sich Spüle, Herd, Kühlschrank und Vorratsschränke verbergen. Der offene Grundriss vereinfacht das Kochen mit Freunden und fördert eine entspannte, ungezwungene Atmosphäre. Vom Speisezimmer öffnen sich riesige Glastüren zum Innenhof, während Holzklappläden die Mittagssonne abhalten.*

RECHTS *Auch den langen Esstisch, aus einer riesigen, auf zwei massiven Blöcken ruhenden Travertinplatte gefertigt, hat Silvestrin entworfen. Den Eichenstühlen (ein Hans-Wegner-Design) begegnet man wieder auf dem Essplatz beim Pool. Was auf den ersten Blick wie ein Wandvorsprung an der Breitseite des Raumes wirkt, ist die moderne Interpretation der traditionellen inseltypischen Feuerstelle.*

OBEN *Der einheimische Santanyí-Stein des Waschbeckens – eine perfekte Halbkugel auf rechteckigem Pfeiler – schafft eine Beziehung zwischen minimalistischem Interieur und mallorquinischem Umfeld. Dasselbe gilt für die kleinen Fenster, deren Läden nur schmale Lichtstreifen einlassen. Travertinregale trennen diesen Bereich von der Badewanne, die sich auf der anderen Seite befindet.*

OBEN *Inspiriert von einem japanischen Entwurf, hat Silvestrin die Badewanne aus libanesischer Zeder fertigen lassen. Das Tageslicht, das durch die oberhalb der »Balken« platzierten Fenster fällt, taucht den*

Raum in kühles, fast künstlich wirkendes Licht. Farbe und Maserung des Holzes sowie die Zeichnung des Natursteins geben dem Raum, der ansonsten nur von Formen und Schatten lebt, zusätzliche Struktur.

OBEN *Das helle Band der Lichtgaden-Fenster setzt sich vom Bad in das Schlafzimmer fort und verbindet die beiden Räume physisch und atmosphärisch, da sie dasselbe Licht teilen. Das Bett scheint über dem Terrakotta-Boden zu schweben. Auf einer weiteren eingebauten Steinbank, die die klaren Linien des Raumes unterstreicht, präsentiert sich eine Skulptur von Robert Graham in einsamer Schönheit.*

TREIBGUT VOM STRAND

OBEN *Die verwitterte, mit Eisenbolzen beschlagene Tür dient bisweilen als Kleiderhaken – hier für ein luftiges Baumwollkleidchen.*

LINKS *Ein breiter Torbogen führt von dem winzigen, üppig begrünten Garten in die schattigen Innenräume. Hier haben am Strand gesammelte Treibholzstücke die Funktion der üblichen einfallslosen Perlschnurvorhänge übernommen. Wie diese lassen sie erfrischend kühle Brisen durch und wehren lästige Fliegen ab, fangen zudem aber auch das Licht ein.*

Die Insel Mallorca ist berühmt für ihre Gastfreundschaft, die sie auch jenen »Aussteigern« entgegenbringt, die ihrem Zauber verfallen und für immer bleiben. Kaum ein Urlauber möchte wieder nach Hause, doch um diesen Wunsch in die Realität umzusetzen, bedarf es schon einer guten Portion Mut und Abenteuerlust. Eine von denen, die Mallorca besucht und sich hier ein neues Heim geschaffen haben, ist die spanische Künstlerin Conchi, die im Dorf Calonge in einer einfachen kleinen Finca lebt. In ihren Arbeiten greift sie die essentielle Schönheit Mallorcas auf eine sehr direkte Art auf: Sie sammelt und benutzt Treibholz, sandgeschliffene Glasstücke und Steine vom Strand sowie getrocknete Gräser und Blumen aus dem Landesinneren. Aus diesen Fragmenten der Insellandschaft fertigt sie Mobiles und Skulpturen, in denen ihr feinsinniges Einfühlungsvermögen der Insel gegenüber zum Ausdruck kommt.

Die kleinen Räume des alten Bauernhauses, in dem sie mit ihrer Tochter wohnt, wurden mit demselben gefühlvollen Respekt behandelt, den Conchi ihren *objets trouvés* entgegenbringt. Dabei sind ihre Arbeiten nicht nur dekorativ, sondern auch funktionell: Die Plastikperlenschnüre etwa, die man in südlichen Ländern so häufig findet, sind bei ihr durch einen zarten Vorhang zusammengeknüpfter Treibholzstückchen ersetzt, von denen einige in demselben leuchtenden Indigoblau bemalt sind, dem man überall auf der Insel begegnet.

Stets läßt Conchi die schlichte ländliche Architektur ihrer Finca für sich selbst sprechen; sie hat von jeglichen Umbauten Abstand genommen, obwohl diese das Leben sicherlich komfortabler gestalten könnten. Unter dem Dach, wo ursprünglich *sobrasadas* (traditionelle Würste) und Kräuter zum Trocknen aufgehängt wurden, hat sie ein gemütliches Wohnzimmer eingerichtet, und sämtliche Ecken und Simse des Hauses nutzt sie als Ausstellungsfläche für ihre Werke. Teile der rau verputzten Wände und der Treppe sind indigoblau getüncht, um den Essbereich zu markieren und die Stufen zu betonen. Diese Farbe wiederholt sich in Conchis Treibholz-Objekten, ohne jedoch zu einem bestimmenden Element der Einrichtung zu werden. Auch die zu Blumentöpfen umfunktionierten Blechdosen in dem nach mallorquinischem Brauch gepflasterten Garten zeigen dasselbe Blau. Hier hängen Treibholz-Mobiles von den Zweigen, und jeglicher Lärm, der von draußen in diesen mauerumschlossenen Patio dringt, unterstreicht den fragilen Charakter von Conchis Arbeiten.

LINKS *Ein zartes Arrangement aus getrockneten Gräsern und »objets trouvés« sowie gerahmte Fotografien sorgen dafür, dass das schlichte Mobiliar nicht karg wirkt. Auf den traditionell weiß gekalkten Wänden des Wohnraums markiert indigoblaue Tünche dezent, aber doch unübersehbar die Essecke. Den stark abgenutzten Holztisch und die Stühle findet man in ähnlicher Ausführung in vielen mallorquinischen Bauernhäusern. Auf dem niedrigen, fast primitiv wirkenden Stuhl, der dicht an die Feuerstelle gerückt wird, kann man sich an kühlen Tagen wärmen. Im Türrahmen hängt ein weiterer von Conchis Vorhangen; dieser besteht aus Steinen, aufgefädelten Treibholzstücken und vom Meer geschliffenen Glasscherben, die sie »cristales del mar« nennt.*

RECHTS *Der immense Charme alter Bauernhäuser wie dieses beruht häufig auf Kleinigkeiten, die den Betrachter überraschen. Die unregelmäßige Treppe, deren vertikale Teile blau gestrichen wurden, sieht aus, als entstamme sie einem Bausteinkastensystem für Kinder – eine Assoziation, die das gleich daneben platzierte bunt bemalte Schaukelpferd noch verstärkt.*

OBEN *Dieses Treibholz-Mobile und sein Spiegelbild bringen ein gewisses Element der Symmetrie in Conchis Arbeit mit »objets trouvés«, bei der – es liegt in der Natur der Sache – keine zwei Stücke jemals gleich ausfallen. Ein weiteres Mobile ist vor einem Schal aufgehängt, dessen Ethno-Muster das Werk der Künstlerin wie ein mit großer Sorgfalt dokumentiertes völkerkundliches Schaustück wirken lässt.*

LINKS *Aus der Nähe betrachtet, erinnert dieser Treibholz-Vorhang an den Halsschmuck primitiver Stammesgemeinschaften. Selbst die Knoten in der Schnur, mit der die Aststückchen aneinander gebunden wurden, sind von einer bizarren Schönheit. Verwittert und von der Sonne ausgeblichen, hat auch die Tur selbst schon fast den Charakter von Treibholz angenommen und bildet einen passenden Hintergrund für die blauen Stränge.*

RECHTS OBEN UND UNTEN *Zwei von Conchis zarten Kunstwerken demonstrieren, wie sie einzelne Treibholz-Stückchen zu teilweise fast formellen Objekten kombiniert. Ihre fein ausgeprägte Beobachtungsgabe ermöglicht ihr eine außergewöhnlich enge Beziehung zu der Insel, deren Strände sie nach Fragmenten absucht, die in den Augen Dritter keinerlei Wert oder Nutzen besitzen.*

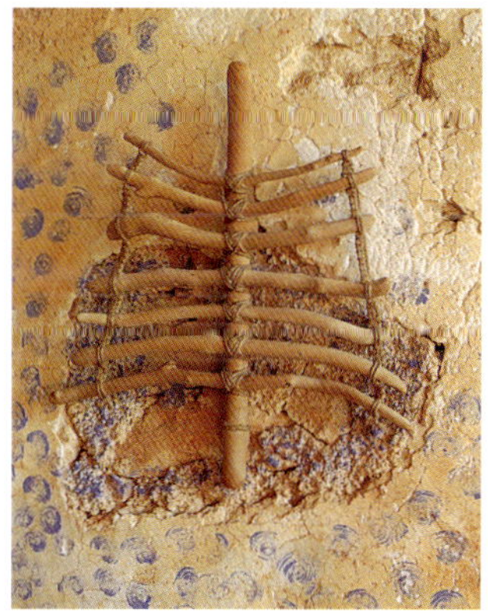

Der Erwerb von Son Palou war ein ganz spontaner Entschluss. Die aus Schweden stammenden Eigentümer besaßen schon lange eine Wohnung in der Inselhauptstadt und hatten auch mehrmals damit geliebäugelt, ein Häuschen in der Altstadt von Palma zu kaufen. Doch nachdem ihnen der mallorquinische Architekt Antonio Obrador die Umgebung des Dorfes Santa Maria gezeigt hatte, änderten sie ihre Meinung. Und dann stand plötzlich dieses Haus zum Verkauf, das Obrador erst kürzlich fertig gestellt hatte. Sie griffen sofort zu.

An der Stelle eines alten Bauerngehöfts in einem wunderschönen Tal unweit von Santa Maria gelegen, vereinigt Son Palou eine Reihe seltener Vorzüge auf sich. Denn völlig neue Häuser, die sich nichtsdestotrotz aufs Natürlichste in die gewachsene Landschaft einfügen, sind auch auf den Balearen rar. Dank seiner profunden Kenntnis mallorquinischer Architektur ist Obrador die zeitgenössische, mit allem modernen Komfort ausgestattete Neuauflage einer traditionellen Finca gelungen: mit Naturstein aus der Region, einheimischen Hölzern und Terrakotta-Fußböden. Schlichte Stilelemente wie die steinernen Fenstereinfassungen, die man in vielen einfachen Häusern auf der Insel findet, wurden, nur geringfügig modifiziert, zu elegant-dekorativen Lösungen eines im Grunde modernen Hauses.

Da Son Palou vorwiegend in den Sommermonaten genutzt wird und viele Gäste sieht, verlagert sich der Schwerpunkt ins Freie – obwohl die Grenzen zwischen drinnen und draußen bewusst fließend gehalten sind. So beginnt beispielsweise der inseltypisch mit flachen Kieseln gepflasterte Weg bereits im Haus. Von der Diele aus führt er durch breite Glastüren über den Rasen zu einer alten Steinbrücke, die ein Flussbett überspannt, das jedoch den größten Teil des Jahres trocken liegt. Eine nach drei Seiten offene, während der Sommermonate voll möblierte Loggia dient als zweites, gern und viel genutztes Wohnzimmer.

Angesichts der Betonung aufs »Draußen« überrascht wenig, daß die Besitzer von Son Palou begeisterte Hobbygärtner sind. In unmittelbarer Umgebung des Hauses bezaubern Duftpflanzen, hinter der Küche wurde ein Gemüse- und Kräutergarten angelegt, und etwas weiter entfernt gedeihen Mandel-, Johannisbrot-, Avocado- und Zitrusbäume. In die andere Richtung gelangt der Besucher unter duftenden Jasminranken zum Swimmingpool, von dem aus sich ein malerischer Blick über ein altes maurisches Aquädukt bietet.

OBEN *Frische samtgelbe Aprikosen hängen zum Nachreifen an einem Fensterladen.*

LINKS *Klare Linien und die seidenmatte Oberfläche von geschliffenem Stein prägen die Gartenfassade von Son Palou. Strahlend weißer Putz umrahmt Tür- und Fensterfriese; der Rest des Hauses ist in dem Terrakottarosa der alten mallorquinischen Fincas gestrichen. Die strenge Geometrie des Terrassenpflasters setzt sich in den von gestutzten Rosmarinsträuchern gesäumten Blumenbeeten fort.*

LINKS, OBEN UND UNTEN *Rot und cremeweiß gestreifte Vorhänge, Kissen und Polster verleihen diesem Wohnraum bei aller Eleganz einladende Behaglichkeit. Für die Kissenbezüge mit den unterschiedlichen Streifenmustern wurden alte Matratzenstoffe verwendet. Auf dem Terrakotta-Boden liegt ein kostbarer alter Kelim. Die Türen öffnen sich zu einer Loggia, die im Sommer als zweites Wohnzimmer genutzt wird. Sämtliche Blumendekorationen – auch die üppigen Blattgestecke auf dem Kaminsims – stammen aus dem Garten von Son Palou.*

RECHTS *Hinter einem pseudomaurischen Bogen beginnt, durch zwei breite Stufen von der Diele getrennt, das Treppenhaus. Es wurde von mallorquinischen Handwerkern ausgeführt, die vor Ort ohne spezielle Anweisungen arbeiteten und der inneren Spirale organisch gewachsenen Schwung verliehen. Schmiedeeiserne Handläufe und ein alter Vogelbauer vom Flohmarkt in Palma betonen die rustikale Eleganz. In der Diele steht ein mallorquinischer Stuhl aus dem 18. Jahrhundert – Beispiel dafür, wie ein traditionelles Möbel zum kultivierten Blickfang werden kann.*

RECHTS *Bei dem milden mediterranen Klima ist diese Loggia der ideale Aufenthaltsort. Riesige mit Schmucklilien bepflanzte Terrakottakübel verdecken fast den Blick auf den dahinter liegenden Rasen und die aus Natursteinen aufgebaute Mauer. Im Vordergrund verspricht eine einladende Sitzgruppe Komfort*

und Entspannung. Das antike mallorquinische Sofa mit seinen elegant geschwungenen Armlehnen bekam matratzenartige Polster; sie wurden in Palma gefertigt, der (original Matratzen-) Stoff stammt jedoch aus London. Lampen und Holzsessel entdeckten die Eigentümer auf verschiedenen Märkten. Kopien dieser Stühle stehen auf der Terrasse vor dem Haus.

OBEN *Diese Detailaufnahme aus der Loggia zeigt einen alten spanischen Schneidertisch. Zwischen den beiden Armstühlen mit den gestreiften Polstern rücken seine schlanken Proportionen verstärkt in den Blickpunkt. Die Pflanzen im Garten von Son Palou wurden in erster Linie ihres Duftes wegen ausgewählt; hier verströmen nur einige wenige Rosen in einer Glasvase herrliches Aroma. Die Loggia ist nach drei Seiten offen und deswegen auch bei großer Hitze immer angenehm luftig.*

LINKS *Die formelle Eleganz eines mallorquinischen Bettes (19. Jahrhundert) mit exquisiten Einlegearbeiten und sich nach oben verjüngenden Pfosten hat durch das Dach aus Matratzenstoff einen modernen Anstrich erhalten. Volant und Zierkissen zeigen dasselbe rustikal anmutende Material. Eine einzelne rosa Rose holt den Duft des Gartens ins Haus, und ein denkbar schlichter Stuhl – wesentlich gröber gearbeitet als das Bett – unterstreicht die locker-souveräne Art und Weise, mit der in Son Palou unterschiedliche Stilrichtungen kombiniert sind.*

RECHTS *Die kleine Bibliothek, deren bogengeschmückte Bücherwände einen offenen Kamin flankieren, ist ein sonnendurchfluteter Raum. Die Holzläden sind auf halber Höhe unterteilt und öffnen sich direkt zum Garten. Über dem denkbar schlichten Kaminsims hängt ein alter mallorquinischer Spiegel. Die Gemälde sind Werke zeitgenössischer einheimischer Künstler. Wie im gesamten Haus schaffen auch in diesem Raum cremeweiße Vorhänge und Sesselbezüge, Terrakotta-Fliesen und die warmen Farben alter Teppiche eine Atmosphäre entspannter Behaglichkeit.*

Homme et Femme

UNVOLLENDETE WERKE

Das Atelier, in dem Joan Miró von 1957 bis zu seinem Tod im Jahr 1983 arbeitete, sieht heute noch so aus, als hätte der Künstler es erst vor wenigen Minuten verlassen. Die Liebe zu Form und Farbe, die im Werk des katalanischen Surrealisten eine so zentrale Rolle spielen, treten einem aus jedem Winkel der alten Finca Son Boter entgegen und sind auch in seinem nahe gelegenen Atelier gegenwärtig, das der Architekt Josep Lluis Sert im Auftrag Mirós entwarf. In beiden Häusern ist die Intensität kreativen Schaffens höchst lebendig geblieben – nicht nur in Gestalt der Utensilien des täglichen Gebrauchs, die Miró zeitlebens als Material für seine Arbeiten sammelte, sondern auch in den Entwürfen, die er direkt auf die Wände der Finca skizzierte.

Miró und Mallorca verband stets eine enge Beziehung, obwohl er ursprünglich in Barcelona lebte und in den 20er und 30er Jahren in Paris zu Ruhm gelangte. Doch Mirós Mutter stammte von der Insel, er verbrachte regelmäßig Ferien auf Mallorca und heiratete auch eine Mallorquinerin, Pilar Juncosa. Aus politischen Gründen (im Spanischen Bürgerkrieg unterstützte Miró die Republikaner) suchte er während der Franco-Diktatur auf Mallorca Ruhe und Anonymität. 1955 erwarben die Mirós das Anwesen Son Abrines in der Nähe von Palma und später auch die benachbarte Finca Son Boter.

Auf dem Grundstück von Son Abrines, hügelabwärts von Son Boter, ließ Miró sich sein »Traum«-Atelier errichten. Hier schuf sein Freund Josep Lluis Sert einen riesigen, lichterfüllten Raum mit drei Meter hohen Fenstern im oberen Teil der Nordwand. Gegenüber der Galerie, die Mirós Lithografie-Werkstatt beherbergte, erhebt sich eine monumentale Natursteinmauer. Ein schmaler Balkon erlaubte es dem Maler, größere Arbeiten auch von oben zu betrachten. Unten öffnen sich die Türen zum Garten, in der Ferne schimmert sogar das Meer. Im ganzen Atelier verteilt stehen Staffeleien mit unvollendeten Werken, an die Wände hat Miró Postkarten, Zeitungsausschnitte und Fotos geheftet. Pinsel und Lappen, Paletten, Farbpfützen und rostige Dosen erinnern neben traditionellen Terrakotta-Gefäßen, geflochtenen Körben, Stühlen und Schemeln an die Schaffensweise Mirós.

Nach dem Tod des Künstlers wurde die Fundació Pilar i Joan Miró gegründet, und 1986 öffnete ein neues, von Rafael Moneo entworfenes Ausstellungsgebäude seine Pforten. Inzwischen können auch die Finca Son Boter und Mirós Atelier besichtigt werden.

OBEN *Gegenstände des täglichen Gebrauchs und Spielzeug aus Mirós Sammlung sind im einstigen Atelier des Künstlers ausgestellt. Durch eine Tür fällt der Blick auf eine Puppen-Parade vor rostrotem Hintergrund.*

LINKS *Miró benutzte die Mauern seiner Finca Son Boter als Skizzenbuch und notierte spontane Einfälle auf Wände und Türstöcke. Ursprünglich war geplant, das aus dem 17. Jahrhundert stammende Haus als Bildhauerwerkstatt einzurichten, doch diente es dann für Entwürfe aller Art.*

RECHTS *Vergilbte Zeitungsausschnitte, Postkarten und Fotos schmücken die Wand des Ateliers, das Josep Lluis Sert in den 50er Jahren für Miró entwarf. Das bunte Durcheinander von Werkzeugen, Kunstobjekten und visuellen Vorlagen gibt Einblick in die kreative Schaffensweise des großen Surrealisten.*

UNTEN LINKS BIS RECHTS *An einen Rahmen gelehnt warten Pinsel auf die Fortsetzung der Arbeit – so, als ob Miró jeden Moment wiederkommen und weitermalen würde. Die organische Form der Kürbisse begleitete Mirós Werk von Anfang bis Ende. Durch die Assoziation mit dem ländlichen Leben auf Mallorca gewinnt sie noch an Bedeutung. Die lebhaften Farben auf der Palette erinnern an die kraftvolle, manchmal wilde Art seiner Malerei.*

RECHTS *Mirós Arbeit spiegelt katalanische und mallorquinische Einflüsse wider. In seinem Atelier umgab er sich mit Formen, Farben und Oberflächen, die ihn inspirierten – vom honigbeigen mallorquinischen Naturstein der Wände hin zu den schlichten inseltypischen Möbeln, Körben und Hanfmatten, die er im ganzen Raum auslegte.*

Seit mehr als hundert Jahren gilt das pittoreske Dorf Deià an der bergigen Nordküste Mallorcas als Refugium und Ort der Inspiration für Maler, Bildhauer und Schriftsteller. 1929 empfahl Gertrude Stein dem britischen Dichter und Romancier Robert von Ranke-Graves, Autor von historischen Romanen wie *Ich, Claudius, Kaiser und Gott*, den Ort als ein Paradies, das man allerdings ertragen können müsse. Von Ranke-Graves folgte ihrem Rat, lebte viele Jahre lang in Deià und liegt auch auf dem winzigen Dorffriedhof begraben.

Am Ortsrand, wo die Steinhäuser in alte Terrassenfelder mit Zitrusplantagen übergehen und knorrige Ölbäume die Hänge des Berges Teix erklimmen, steht das Hotel La Residencia, zu dem neben dem aus zwei modernisierten und erweiterten Fincas bestehenden Haupthaus eine Reihe kleiner, im ortstypischen Stil errichteter Neubauten gehört. Das Geheimnis des Charmes von La Residencia liegt in der ansprechenden Art, in der die alten Gebäude renoviert und die neuen in das bestehende Baukonzept integriert wurden. Das Ergebnis ist eine nahtlose Verknüpfung von mallorquinischer Tradition, ruhiger unaufdringlicher Eleganz und modernem Komfort. Seinen stilvollen Charakter verdankt das Anfang der 80er Jahre eröffnete Haus dem Hotelierssohn Axel Ball, dessen Familie seit Generationen in Deià lebt und der weder Mühe noch Kosten scheute, die damals sehr heruntergekommenen Bauten in ein Luxushotel zu verwandeln. Die heute zu einer Hotelkette gehörende Nobelherberge ist ihrem Ruf treu geblieben und zählt sicherlich verdientermaßen zu den schönsten Unterkünften ihrer Art – nicht nur auf Mallorca.

In Anlehnung an den Ruf Deiàs als Künstlerkolonie sind die Gästezimmer des La Residencia mit Werken von Malern wie Mati Klarwein, Yannick Vu, Miquel Oliver und Georges Sheridan geschmückt, die alle Mallorca als (zweite) Heimat wählten. Im Hotel finden regelmäßig Ausstellungen ortsansässiger Künstler statt, dazu kommen Konzerte klassischer Musik im Konzertsaal. Das ganze Haus ist mit antikem mallorquinischen Mobiliar ausgestattet, das die schlichte Noblesse des Interieurs unterstreicht. Alles atmet Luxus und Kultur.

Die reizvolle Landschaft verleiht dem Anwesen zusätzliches Flair, und von der vorgelagerten Terrasse bietet sich ein grandioser Anblick, wenn die untergehende Sonne hinter den zerklüfteten Bergen versinkt und das Land in atemberaubendes Licht taucht.

OBEN *Die sonnig-erdigen Farben und rustikalen Muster inseltypischer Töpferware gehören wie selbstverständlich zum Ambiente des Hotels La Residencia.*

LINKS *Blick in den herrlichen Garten des Hotels aus einem der hohen Gästezimmer. Der einladende Raum ist mit altem mallorquinischen Mobiliar wie diesem Bett aus dem 19. Jahrhundert ausgestattet. Das Frühstück wird auf einem Holztablett serviert: Es gibt Gebäckteilchen und heißen Kaffee aus einer traditionellen Zinnkanne.*

RECHTS *Vor dem graugrünen Hintergund der Ölbäume, die die Hänge des Berges Teix bedecken, steht das Hotel La Residencia, eine gelungene Kombination aus alten und neuen Gebäuden. Die modernen Anbauten greifen Charakter und Details der beiden das Herz der Anlage bildenden Fincas auf und fügen sich zu einem harmonischen Ganzen. Die einstige »tafona«, wo frühere Generationen Olivenöl pressten, beherbergt heute das namhafte Restaurant El Olivo, und sämtliche Swimmingpools, Tennisplätze, Bars und Cafés sind auf verschiedenen Ebenen gelegen und mit so viel Know-how und Feinfühligkeit konzipiert, dass stets der Eindruck ländlich-ursprünglicher Architektur erhalten bleibt. Vor dem Hotel laden Stühle und Tische die Gäste ein, den mit Palmen und Zitrusbäumen bepflanzten Garten zu genießen. Von der Aussichtsterrasse, dem »mirador«, schweift der Blick weit über das malerische Dorf und das azurblaue Meer.*

OBEN *Frühstück und Mittagessen können im Son Fony genannten Speisesaal eingenommen werden. Das Mobiliar stammt von Son Pax, einer Firma, die sich auf die Herstellung traditioneller mallorquinischer Möbel, Stoffe, Glas- und Porzellanwaren spezialisiert hat, allerdings mit einem gewissen modernen Touch. So sind beispielsweise die inseltypischen Stühle in mediterranen Farben lackiert. Hier wie im ganzen Hotel erinnern Werke ortsansässiger Künstler an die reiche Tradition der Künstlerkolonie Deià.*

CAFÉ IM DORF

Aus einer spontanen Laune heraus übernahm Isabel Bastidas vor vier Jahren eine völlig heruntergekommene Bar aus den 30er Jahren. Im Vorbeifahren sprang der aus Barcelona stammenden Festlandsspanierin in der Hauptstraße des malerischen Ortes Artà, wo sie seit einiger Zeit lebte, das Schild »Zu vermieten« ins Auge, und zwei Stunden später saß sie bereits mit dem Besitzer zusammen und diskutierte Detailfragen. Isabel beschreibt die folgende Zeit der Renovierung, Umdekorierung und die Eröffnung ihres Cafés/Restaurants als echte Feuertaufe. Sie verfügte über keinerlei Ausbildung oder Erfahrung als Restauratorin, geschweige denn als Restaurateurin, aber sie besaß Energie, sicheren Geschmack und jede Menge Enthusiasmus.

In nur zwei Monaten hatte sie die schäbige Bar in ein einladendes Café/Restaurant verwandelt. Das ursprünglich aus einer Folge kleiner, vollgestopfter Zimmer bestehende Lokal wirkt jetzt offener, doch obwohl einige Wände fielen, blieb der Original-Grundriss des Erdgeschosses durch die Anordnung der Tische und Stühle weitgehend erhalten.

OBEN *Die abblätternde ockergelbe und blassrosa Wandfarbe im Garten des Café Parisien gehört ebenso zum Charme des Hauses wie die Zitrusbäume und die Weinreben, unter denen die Tische aufgestellt sind.*

LINKS *In einer offenen Folge kleiner Zimmer hat Isabel Bastidas einladende Sitzbereiche für die Gäste ihres Cafés geschaffen. Jeder Raum ist unterschiedlich möbliert, durchgehend ist die Behaglichkeit. Das blaue Schaf auf der Pavimento-Treppe bewacht den im Obergeschoss eingerichteten Laden.*

Das eigenwillige Dekor spiegelt Isabels Vorliebe für das Ungewöhnliche wider, die von einer gesunden Portion Humor durchsetzt ist. Im Garten entdeckte Holzstühle erhielten einen frischen Anstrich und stehen jetzt fröhlich zwischen anderen alten und neuen Sitzmöbeln. Zentraler Blick- und Treffpunkt ist die geschwungene, leuchtend kobaltblaue Theke, die genauso modern ist wie die Barhocker, die Isabels Bruder Sergio entworfen hat, der ebenfalls auf der Insel lebt. Über der Bar hängen riesige, überdimensionierte Pergament-Lampenschirme, die diese auffällige neue Konstruktion ins rechte Rampenlicht rücken.

Wer die Ausstattung zu ernst nimmt, übersieht ihr eigentliches Wesen, das amüsieren und unterhalten soll. Jedenfalls trägt es zur Kaffeehausatmosphäre dieses beliebten Lokals bei, wo Essensgäste ebenso willkommen sind wie jemand, der bei nur einer Tasse Kaffee und mallorquinischen *ensaimadas* in der Zeitung blättern will. Das Café dient zugleich als Ausstellungsraum für Gemälde, Fotografien und Skulpturen, und ein Designer wählte Isabels Lokal als Schauplatz für seine letzte Modenschau. Überall hängen Bilder von Francesç Roca, einem im nahe gelegenen Capdepera ansässigen katalanischen Künstler.

Bei warmem Wetter kann man im Garten speisen, wo ein *rentador* (Steinbecken zum Waschen von Kleidern) und die uralte *cisterna* nostalgische Gefühle wecken.

RESTAURIERUNG MIT WITZ UND STIL

OBEN *Wie kostbare geologische Fundstücke sind diese Steine, die Isabels Tochter bunt lackiert hat – einige gleichen rundlichen Spielzeugautos –, in einem Glaskästchen ausgestellt.*

LINKS *Genau wie in ihrem Café sind auch in Isabels Wohnung die Räume im Erdgeschoss sehr hoch und wirken daher kühl. Anders als dort beschränkte sie ihre gestalterischen Eingriffe hier jedoch auf subtile Änderungen wie die Blautönung der Glastürpaneele, die nun das Sonnenlicht filtern.*

Aufgewachsen in Barcelona, wo sie eine Modeboutique führte, lernte Isabel Bastidas, die Besitzerin des Café Parisien, Mallorca durch ihren Bruder kennen, der mit einer Mallorquinerin verheiratet ist und seit langem hier lebt und arbeitet. Um dem hektischen Großstadtleben zu entfliehen, zogen vor vierzehn Jahren auch sie und ihr Mann auf die Insel. Nach ihrer Trennung beschloss Isabel, die dem Zauber Mallorcas erlegen war, zu bleiben und für sich und ihre beiden Töchter ein neues Heim zu suchen.

Ihre Wahl fiel schließlich auf ein einfaches Haus in Artà, das sich in einem schlimmen Zustand befand. Das Erdgeschoss hatte als Stall und Getreidespeicher gedient, die obere Etage als Wohnung der Bauernfamilie. Doch mit ihrer zupackenden Art und demselben Witz und Stil, den man an ihrem Café erkennt, hat Isabel ein individuelles, feminines Interieur geschaffen, dessen Flair nicht zuletzt darauf beruht, dass strukturelle Eingriffe auf ein Minimum reduziert blieben. Die Räume sind funktional und wohnlich gestaltet, ohne jedoch ihren eigenwilligen Charakter einzubüßen.

Bei Isabel paart sich der Hang zur Romantik mit viel praktischem Verstand: Jeder Arbeitsschritt, vom Grundriss bis zu den kleinsten Details, ist genauestens durchdacht. Nur ein Beispiel für ihren schier unendlichen Einfallsreichtum ist die Lösung, die sie für das Problem der kaputten Fußböden fand: Sämtliche Fliesen, zerbrochene und ganze, wurden vorsichtig gehoben und dann neu so verlegt, dass die unbeschädigten eigene »Räume« definieren. Die Fliesenfragmente wurden zu Mosaik-»Teppichen« kombiniert, für die noch übrigen Flächen benutzte sie die inseltypischen flachen Kieselsteine. Im Café, wo diese Technik erfolgreich wiederholt wurde, verbinden Kiesel-»Wege« die einzelnen Räume, während im Wohnhaus einer von der Eingangstür direkt zum Garten führt und dabei auf subtile Art den Ess- vom Wohnbereich abgrenzt, wo jeweils intakte Fliesen verlegt sind.

Glück, aber auch harte Arbeit gehörte dazu, die Räume stilvoll-wohnlich zu möblieren. Nicht wenige Stücke rettete Isabel vor dem Verheiztwerden. Gesäubert und liebevoll restauriert, erhielten sie ein neues Zuhause. Heute stehen sie neben kostbaren antiken, aber auch einigen modernen Möbeln, wie beispielsweise dem großen weißen Sofa. Unter weniger talentierten Händen wäre aus alledem vielleicht ein kunterbuntes Durcheinander entstanden, hier aber passt und harmoniert alles geradezu perfekt.

GANZ LINKS *Von der Haustür bis zum winzigen Garten läuft quer durch das Erdgeschoss einer von Isabels Stein-»Wegen« und grenzt dabei gleichzeitig auf subtile Weise Ess- und Wohnbereich voneinander ab. Das kleine runde Fenster neben der Treppe ist ein neues Stilelement.*

LINKS *Isabels Schlafzimmer nimmt den größten Teil des ehemaligen Trockenspeichers ein, auf dem früher Würste und Kräuter aufgehängt wurden. Die unverputzte Natursteinmauer verleiht dem Raum Rustikalität, doch weiß gestrichene Deckenbalken und die Auslegware lassen das Auge Ruhe finden. Wie das ganze Haus ist auch dieses Zimmer sparsam und kostenbewusst möbliert, besitzt aber dennoch eine eindeutig feminine Note.*

RECHTS *Ein schweres marmornes Weihwasserbecken aus einer abgerissenen Kirche hat in Isabels Essecke eine neue, dekorative Funktion als Handwaschbecken gefunden. Die Tontöpfe enthalten je eine Kerze.*

IM ALTEN KAUFMANNSVIERTEL

Gleich hinter dem Hafen von Palma liegt das historische Herz der einst bedeutenden Handelsmetropole, und alte Kaufmannshäuser säumen die Straßen rings um die Kathedrale. Vor zwanzig Jahren, als sich alles Augenmerk auf die boomenden Vorstädte Palmas richtete, bedurfte es schon eines besonderen Spürsinns, den Reiz des alten Stadtkerns zu erkennen, der damals in der Gunst der Mallorquiner tief gesunken war.

Ein schwedisches Brüderpaar, Bosse und Leif Ljungstrom, die Mallorca als Ferienziel kannten, erwarben damals eines der alten Kaufmannshäuser. Teile der Bausubstanz reichen in maurische Zeiten zurück, doch das Gebäude in seiner heutigen Form datiert aus dem 18. Jahrhundert. Wie seinerzeit üblich, besteht es aus einem von Warenlagern umgebenen Innenhof, von dem man über eine Freitreppe zum Kontor und den Wohnräumen im Obergeschoss gelangte. Obwohl kein architektonisches Meisterwerk, ist das Haus doch wunderschön aufgeteilt, und sechs Meter hohe Räume, riesige Türen und Fenster verleihen der oberen Etage eine vornehme Würde, die es bei der Ausstattung zu berücksichtigen galt. Hinter diesen Sälen führen Stufen ins Erdgeschoss hinab in weit weniger gigantisch proportionierte Räume, deren Türen sich zu einer Gartenterrasse hin öffnen. Trotz dieser unterschiedlichen Vorgaben ist es den Brüdern gelungen, im ganzen Haus eine Einheitlichkeit des Interieurs zu kreieren, in der sich Liebe zu Antiquitäten – seien sie mallorquinisch oder von weit her – mit Gefallen an modernem Design paart. Eine gewisse Nonchalance prägt die unkonventionelle Zusammenstellung von Gemälden, Möbeln und Kunst- und Deko-Objekten aus aller Herren Länder, die die beiden von Reisen mitgebracht haben.

Die Begeisterung für Design wird auch daraus ersichtlich, dass Leif gemeinsam mit Agneta Cederlund (deren Haus ebenfalls in diesem Buch vorgestellt wird) die Firma Son Pax gegründet hat, die sich auf zeitgenössische Einrichtungsgegenstände nach traditionellen mallorquinischen Vorlagen spezialisiert hat. Die Möbel werden aus heimischen Hölzern und in mediterranen Farben gefertigt, die Stoffe mit teils modernen Designs in dem alten Familienbetrieb von Guillem Bujosa in Santa Maria gewoben. Auch Fliesen, Terrakotta, Glaswaren und Lampen gehören in das Programm. So kommt es, dass das Kaufmannskontor im Ljungstrom-Haus ab und an wieder Stoffballen und andere Muster sieht, die Leif mit nach Hause bringt.

OBEN *Vor dem malerischen Hintergrund einer noch aus maurischen Zeiten stammenden Mauer laden einfache Metall-Gartenstühle und eine verwitterte Holzbank in einer schattigen Ecke des Gartens zum Verweilen ein.*

LINKS *Eine zweibogige Loggia mit Blick auf den Innenhof führt zu den Haupträumen im ersten Stock. Naturstein-Brüstung und -Bögen wurden von Putz befreit und präsentieren sich nun wieder in der ursprünglichen Schönheit der Steinmetz-Arbeit.*

LINKS OBEN UND UNTEN *Die cremegelben Papierfächer, wie Blumen in einer Glasvase arrangiert, kommen bei großer Sommerhitze auch zum Einsatz. Silberdosen, -becher und -glocken sind ein Geschenk von Vater Ljungstrom, der ein Juweliergeschäft betrieb.*

OBEN *Für das Wohnzimmer im Erdgeschoss wurde ein vier Meter langes Sofa gefertigt, das exakt von Wand zu Wand reicht. Die Kissen sind wie die Polster nach Matratzenart gearbeitet und auch mit Matratzenstoff bezogen – allerdings mit der linken Seite nach außen, weil deren Farben sanfter wirken. Der mittlere Klapptisch stammt aus dem Programm der Firma Son Pax.*

RECHTS OBEN UND UNTEN
Über der alten mallorquinischen Steinspüle, die einst als Waschtrog gedient haben mag, sind Fliesenfragmente zu einem individuellen Kachelmosaik zusammengesetzt. Die Holzgitter der Schranktüren lassen die Luft zirkulieren und erfullen folglich gleichzeitig praktische und dekorative Funktion.

GEGENÜBER *Die scheinbar zufällige Zusammenstellung von Bildern und Deko-Objekten auf der Marmorplatte dieser mallorquinischen Kommode regt den Betrachter zu amüsierter Nachdenklichkeit an. Ein Gemälde im Stil des Kubisten Fernand Léger lehnt gegen die Wand; aus der Nähe wirkt seine Direktheit irgendwie beunruhigend, was die davor stehenden Stücke – Leuchter, Fotos, China-Porzellan u. a. – jedoch etwas relativieren.*

LINKS OBEN *Ein Paar Ikea-Lampen flankieren ein mallorquinisches Bett im Stil des Zweiten Empire. Dieses Schlafzimmer geht auf den begrünten Innenhof.*

LINKS UNTEN *Die beiden Putten auf dem klassizistischen Sockel brachte Leif aus Sizilien mit, wo er eine Weile lebte. Das Waschbecken ist in ein gemauertes Wandbord eingelassen, auf dem weitere skurrile Sammelstücke stehen, darunter Riesenschneckenhäuser und ein ausgestopfter exotischer Vogel.*

RECHTS *Einer der riesigen Räume im Obergeschoss blieb bewusst nahezu unmöbliert, um Besucher die volle Monumentalität der großartigen Proportionen erleben zu lassen: weitläufiger Kachelboden, sechs Meter Höhe, überdimensional große Türen und Fenster. Früher hat sich hier sicher ein vornehmer Empfangsraum befunden. Die Fenster sind so hoch, dass die Holzläden dreiteilig gearbeitet werden mussten, da die Scharniere sonst das Gewicht nicht hätten tragen können. Auch das blaue Bild von Bosse ist dreigeteilt.*

OBEN *Der eigenwillige Stil-Mix des Ljungstromschen Hauses zeigt sich auch in der Bibliothek, wo ein kraftvolles Gemälde im Stil von Fernand Léger über einem vergleichsweise zerbrechlich-zarten Sofa aus dem 18. Jahrhundert hängt. In den beiden Ikea-Lampenschirmen wiederholt sich das Rot aus dem Bild.*

RECHTS *Zumindest ein Element aus der nordischen Heimat der Brüder findet man in jedem Raum: Den Bronzetürstopper hat Leif nach einem traditionellen skandinavischen Motiv fertigen lassen, Vogelkäfige und Feder bilden ein ungewöhnliches Stillleben. Auch der Tisch geht auf einen schwedischen Entwurf (18. Jahrhundert) zurück.*

STEINERNE POESIE

OBEN *Vier Lithografien aus der Matisse-Serie »Jazz« reihen sich über einem Zeichentisch.*

LINKS *Die Wände des Hauses bestehen aus massiven Natursteinblöcken, die in diesem hohen Wohnraum unverputzt blieben und an einen antiken Tempelbau erinnern. Von dem halbrunden Sofa aus poliertem Stein geht der Blick durch drei Eckfenster, die scheinbar weder Glas noch Rahmen besitzen. Tatsächlich sind die Glasscheiben leicht schräg gestellt und deshalb unsichtbar.*

Schon lange verbindet Jorn Utzon, den gefeierten dänischen Architekten des berühmten Sydneyer Opernhauses, eine enge Beziehung zu Mallorca, und 1972 baute er auf der zerklüfteten Felsküste bei Porto Petro ein Haus für sich und seine Familie. Zwischen Myrten, Kiefern und Pinien erhebt sich seither die Can Lis über den fast senkrecht abfallenden Klippen in perfekter Harmonie mit der ungestümen Landschaft und einem grandiosen Panoramablick.

Das Haus ist von der Konzeption her – Lage, Grundriss und verwendete Materialien – kompromisslos modern, steht zugleich aber in völligem Einklang mit der landestypischen Architektur. So besitzt es beispielsweise ein Flachdach, das jedoch von den charakteristischen mallorquinischen Wellenziegeln gesäumt wird, und auch die pyramidenförmigen Kamine lehnen sich an Bauten an, wie sie im ländlichen Süden der Insel üblich sind.

Can Lis besteht aus einer Kette von fünf Gebäuden, die über gepflasterte Wege miteinander verbunden, aber so versetzt sind, dass sich von jedem ein anderer Ausblick bietet.

Als Baumaterial diente *piedra mares*, ein harter Sandstein, der gleich in der Nähe abgebaut wird. Je nach Lichteinfall und Luftfeuchtigkeit variiert er in der Farbe zwischen blassem Goldgelb und Rosa, bisweilen sogar Rot. Die massiven rechteckigen Steinblöcke, die sowohl Außen- als auch Innenwände bilden, verleihen dem – beileibe nicht großen – Haus eine eigenwillige Monumentalität. Drinnen und draußen sind die Wände unverputzt und ohne jeglichen Schmuck – nichts lenkt ab von der Farbe, Beschaffenheit und Maserung des Steins, alles richtet sich auf Fels, Meer und Himmel, die, gerahmt von den dickwandigen, stets über Eck platzierten Fenstern, wie riesige Gemälde wirken. Gleichzeitig erinnert das Haus selbst an eine Burg, eine Festung, die den Elementen trotzt und sichere Zuflucht gewährt.

Ein offener Innenhof, mit Speisezimmer und Küche über Loggien verbunden, dient während der warmen Jahreszeit als Essplatz unter freiem Himmel. Die Pflasterung ist mittlerweile so verwittert, dass das Ganze heute mehr denn je in die umgebende Natur eingegangen scheint.

Perfekt auf Licht und Klima eingestimmt, steht die Can Lis in enger Beziehung zu ihrer gewachsenen Umgebung – eine Huldigung an die Natur, ein Stück steinerne Poesie, der rauen, bisweilen karg erscheinenden Landschaft angemessen.

OBEN *Neben dem offenen Hof bietet eine schattige Loggia Schutz vor dem gleißenden heißen Sonnenlicht. Das Haus besteht aus einer Kette von Einzelbauten, die über gepflasterte Wege miteinander verbunden sind. Für die Brüstung wurden traditionelle Ziegel (»tejas«) verwendet; die pyramidenförmigen Kaminaufsätze hat Utzon in Anlehnung an ein typisch mallorquinisches Stilelement selbst entworfen.*

LINKS *In unmittelbarer Nähe der fast senkrecht abfallenden Klippen an der Südostküste Mallorcas steht die Can Lis inmitten der gewachsenen Natur – eine Festung, die Schutz vor den Elementen bietet und zugleich Schönheit und Gewalt des Meeres genießen lässt. Der einheimische Sandstein, der je nach Beleuchtung und Witterung seine Farbe wechselt, demonstriert die tiefe Verwurzelung des Hauses in der mallorquinischen Bautradition. Lage, Grundriss und Ausstattung aber sind kompromisslos modern.*

VON ALTEM ADEL

OBEN *Aus buntem Marmor gefertigt, prangt das Wappen von Don Joan Sureda i de Villalonga, dem ersten Marquès de Vivot, über dem prächtigen Aufgang des Stadtpalastes.*

LINKS *Hinter den uralten, die Realität verzerrenden Glasscheiben erscheint der prächtige Raum fern und verschwommen, geradezu unwirklich. Diesseits, inmitten üppig vergoldeter Barockschnörkel, halten Putti die gerahmten Porträts berühmter Ahnen, die wohlwollend auf die noch Lebenden herablächeln.*

Welten entfernt von den Stränden und Hotels Mallorcas, aber nicht minder weit von der zerklüfteten Landschaft im Inselinneren, steht der Stadtpalast Can Vivot – Wohnsitz einer der großen Adelsfamilien von Palma, der des Marquès de Vivot. Er liegt im ältesten Teil der Stadt, deren schmale Gassen kaum vermuten lassen, dass sich hinter mancher Fassade hohe Räume mit prachtvoller Ausstattung verbergen. Die Can Vivot ist das Relikt aus einer anderen Zeit, erlaubt es uns, einen Blick auf Lebensweise, Geschmack und Kultur des Inseladels zu werfen. Der im 15. Jahrhundert errichtete Palast wurde im 17. Jahrhundert umgebaut, die Innenausstattung stammt zum Großteil aus dem 18. Jahrhundert.

Von der Straße gelangt man in einen ruhigen, mit herrlichem Barockpflaster ausgelegten Innenhof. Von hier führt eine Freitreppe zu den Räumen im ersten Stock, die über drei Jahrhunderte hinweg praktisch unverändert blieben. Flämische Gobelins und Werke italienischer Meister schmücken die Wände, die mythologischen Deckengemälde schufen Künstler wie Antonio Soldati und Giuseppe Dardanone. Im herrschaftlichen Schlafgemach steht ein gewaltiges Himmelbett, dessen Bespannung angeblich vom Feldzelt Philipps V. stammt. Der spanische Bourbonenkönig soll sie dem ersten Marquès de Vivot zum Geschenk gemacht haben.

Die Sitzmöbel mit ihren Bezügen aus dunklem Samt und die stattlichen Ausmaße der Räume, aber auch feine Details wie intarsiengeschmückte Türblätter – all das zeugt vom Kommen und Gehen vieler Generationen, von deren Interessen, von Mäzenatentum, Errungenschaften und der vorherrschenden Mode. In der Bibliothek droht die Flut der Bücher das Deckengemälde zu ersticken, ein herrliches *Trompe-l'œil*-Fries ist bereits dahinter verschwunden. Die Nonchalance, mit der die Familie diese Kostbarkeiten nutzt, verleiht dem ganzen Ambiente zauberhafte Leichtigkeit und einen eigenen, sehr lebendigen Charme.

Perico de Montaner, Sohn des sechzehnten Grafen von Zavellà, leitet heute das Stadtarchiv von Palma und wohnt in einem Teil des Palastes, der in der zweiten Hälfte des 19. Jahrhunderts – wie er sich ausdrückt – »modernisiert« wurde. Er hat viele Bücher über Mallorca verfasst und benutzt die Bibliothek der Can Vivot häufig zum Nachschlagen historischer Fakten. Seine Arbeit steht somit ganz im Zeichen der Tradition der Familie, die sich stets um das kulturelle Leben der Insel bemüht und viele Verdienste erworben hat.

RECHTS *Das Deckengemälde der Bibliothek der Can Vivot stammt von Giuseppe Dardanone, der auch ein Retabel für den Altar der Kathedrale von Palma malte. Perico de Montaner nennt diesen Raum »Familienbibliothek«, da er die Interessengebiete von zehn Generationen seiner Familie widerspiegele. Im Laufe der Jahre, Jahrzehnte und Jahrhunderte ist die Zahl der Bände derart angeschwollen, dass die bräunlich roten Bücherschränke bald nicht mehr ausreichten und Folgegenerationen neue Borde arbeiten ließen. So stehen die jüngsten Erwerbungen auf weniger elaborierten Regalbrettern und verdecken mittlerweile schon einen Teil des herrlichen Trompe-l'œil-Frieses. Die übervollen Bücherborde mit den langen Reihen wunderbar gealterter Bände versprechen viele glückliche Stunden beim Stöbern, Schmökern – und die Möglichkeit, längst in Vergessenheit geratenen Geheimnissen auf die Spur zu kommen. Vor dem Fenster stehen auf einem wohl im 18. Jahrhundert gefertigten »bufet«-Tischchen zwei Globen und ein Himmelsglobus aus dem 17. Jahrhundert, eine Holzstatue des hl. Michael und eine römische Büste – welchen Themenreichtum dann erst die vielen Bücher umfassen mögen!*

OBEN *Ein Schlüsselloch-Ornament – das Motiv basiert auf dem Kreuz eines alten Ritterordens – deutet an, welch schier unglaubliche Fülle historischer Details Can Vivot birgt.*

RECHTS *Edle Proportionen statt Ornamentik – das ist der Schlüssel zum schlichten Design dieser Bibliotheksschränke. Die vergoldeten Buchrücken und die gediegenen Farben der in Leder und Pergament gebundenen Bände sind Dekoration genug. Die meisten Bücher sind Werke über die Geschichte des 17. und 18. Jahrhunderts – zusammengetragen von einer Familie, die einen Teil dieser Geschichte aktiv mitgestaltet hat. Ein alter Sextant weist auf eine lange Verbundenheit mit der Seefahrt hin.*

DURCHDACHT BIS INS DETAIL

OBEN *Die frischen Orangen in dem Drahtkorb setzen einen leuchtenden Farbakzent auf der Küchentheke, bei der moderne Edelstahlgriffe mit traditionellen Holzgitter-Türen kombiniert wurden.*

LINKS *Agneta Cederlunds Liebe zum Detail ist in ihrem neuen Heim allgegenwärtig und zeigt sich nicht nur an der exquisiten Tischlerarbeit von Türen, Fenstern und Läden. Bei der Planung ihres Hauses spielten Schlichtheit und Harmonie der Materialien die prägende Rolle.*

Agneta Cederlunds neu erbautes Heim ist eine gelungene Mischung aus präzisem Design und romantischem Idealismus. An einem Berghang über der pittoresken Kleinstadt Fornalutx gelegen, scheint das eher kleine Haus mit seiner großen, an ein Schiffsdeck erinnernden Terrasse über die umliegenden Olivenhaine und Mandelbaumplantagen zu segeln. Der Blick reicht weit über die Ziegeldächer von Fornalutx das Tal hinab in Richtung Biniaraix und Sóller. Im Rücken erhebt sich der Gipfel des Puig Major, des höchsten Berges der Insel.

Die aus Stockholm stammende Zahnärztin kam nach Mallorca, um hier das einfache Leben zu suchen. Aus diesem Grund ist ihr Haus nicht groß – gerade neunzig Quadratmeter Wohnfläche –, aber bis ins Detail durchdacht. So gibt es viel Stauraum, Türen und Fenster sind exquisite Tischlerarbeit, und die Mauern entsprechen genau dem ortstypischen Bild: Sie sind ohne Mörtel aus Natursteinen zusammengefügt.

Äußerlich fügt sich das Haus also perfekt in sein natürliches Umfeld und passt zu der gewachsenen dörflichen Architektur von Fornalutx; Einteilung und Ausstattung der Räume jedoch sind ganz und gar modern. Wo sie in den modernen Kontext passen, wurden traditionelle Elemente aufgegriffen: weiß gekalkte Wände etwa und das inseltypische Holzgitter für die Türen der Küchenschränke. Agnetas Gespür für die Farben und Oberflächenformen Mallorcas steht nicht in Widerspruch zu ihrer Vorliebe für Kontraste. In der Küche etwa hat sie anstelle traditioneller Holzgriffe solche aus mattiertem Edelstahl gewählt. Ein Großteil der Möbel – Betten, Regale und Schränke – sind aus Platzspargründen fest eingebaut, und alle Schlafzimmer gehen auf die breite Terrasse hinaus, was ein Gefühl von zusätzlichem Raum schafft. Eine zweite Küche im Freien und ein überdachter Sitzplatz machen es möglich, bei warmem Wetter fast nur draußen zu leben. Unter der Terrasse wird in einer riesigen Zisterne das Regenwasser aufgefangen.

Angesichts dieses Ideenreichtums überrascht es wenig, dass sich Agnetas Talent für Design nicht auf die Ausstattung ihres eigenen Heims beschränkt. Zusammen mit Leif Ljungstrom, dessen Haus in diesem Buch ebenfalls vorgestellt wird, hat sie die Firma Son Pax gegründet, die moderne Versionen traditioneller mallorquinischer Einrichtungsgegenstände herstellt. Überall in ihrem Haus findet man Stoffe und Möbel von Son Pax, die wunderbar zu den alten schwedischen Stücken passen, die sie aus ihrer nordischen Heimat mitgebracht hat.

LINKS *Wie im ganzen Haus hat Agneta Cederlund auch im Küchenbereich Inseltypisches mit den klaren Linien ihrer schwedischen Heimat kombiniert. Ein Bild des britischen Malers David Templeton, der im benachbarten Sóller lebt, hängt über dem schlicht weißen Sofa und trägt dazu bei, den Wohnbereich vom Rest des bewusst offen gehaltenen Grundrisses abzugrenzen.*

LINKS UND OBEN *Bei diesen Son-Pax-Keramiken wurden die Streifen-, Zickzack- und Kreismuster traditioneller Töpferware durch schlichtes Cremeweiß ersetzt. So kommen Farbe und Textur der frischen Mandeln und selbstgebackenen Kekse besonders schön zur Geltung.*

LINKS *Ein weit vorspringendes Dach schützt die Terrasse nicht nur vor gelegentlichem Regen, sondern spendet auch willkommenen Schatten. Einen Großteil des Jahres spielt sich hier fast das gesamte Familienleben ab. Wie alles am und im Haus der Cederlunds sind auch die Dachbalken schlicht, aber bis ins letzte Detail perfekt. Moderne Klappstühle stehen um den abgenutzten Tisch, der wohl aus dem 17. Jahrhundert stammt und den Agneta neben vielen anderen Stücken aus Stockholm mitgebracht hat. Den schmiedeeisernen Kerzenleuchter fertigte ein Schlosser aus Sóller. Der Entwurf dazu stammt von Agneta.*

UN INVIERNO EN MALLORCA

LINKS UND GEGENÜBER *Die Beschränkung auf das Wesentliche lässt nirgendwo den Eindruck des Überladenen aufkommen. Dennoch wird nicht auf dekorative Elemente verzichtet, die dem Haus seine Wohnlichkeit verleihen. In Agnetas Schlafzimmer sind dies quastengeschmückte Kissen, ein Klappstuhl und eine moderne Lampe von Son Pax – sämtlich Stücke, die man identisch auch in anderen Teilen des Hauses antrifft. Unter allen Einbau-Betten bieten großräumige Schubladen jede Menge Platz für Wäsche etc. Auch die mallorquinischen Flechtkörbe eignen sich zur Aufbewahrung der unterschiedlichsten Gegenstände – nicht nur in den Schlafzimmern. Fenster und Innenläden sind abgeschrägt und aus geöltem Olivenholz gefertigt, und die breiten Steinfensterbretter enden in einer gefälligen Rundung. Jedes Detail, bis hin zu den eleganten Messingbeschlägen und -riegeln, zeigt die Hand(-arbeit) des Meisters. Sämtliche Schlafzimmer des kleinen Hauses blicken auf die breite Terrasse, was sie wesentlich größer wirken lässt.*

MAURISCHES ERBE

OBEN *Spanien und Nordafrika standen gemeinsam Pate für den Wintergarten; vor Berberstoffen und spanischen Fliesen lenken ein persischer Bronzeelefant und Leuchter von Ben Jakober die Blicke auf sich.*

LINKS *Zartes geometrisches Schnitzwerk nach traditionellen arabischen Vorlagen fängt die starke Sonneneinstrahlung ab, sodass dieser Erker stets kühl bleibt. Ein ägyptischer Kunsthandwerker hat die beweglichen Fenstergitter speziell für das Haus angefertigt.*

Auf einer dicht bewaldeten Landspitze in der Bucht von Alcúdia huldigt Sa Bassa Blanca dem spanischen und maurischen Erbe Mallorcas. Für die Künstler Yannick Vu und Ben Jakober, die hier mit großzügiger Unterstützung von Freunden und Kunstmäzenen die Fundación Yannick y Ben Jakober gründeten, eine private Stiftung zur Förderung der Kultur, ist mit Sa Bassa Blanca ein lang gehegter Wunschtraum in Erfüllung gegangen.

Die Silhouette des weißen, zinnengekrönten Baus vor dem tiefblauen Himmel, das ruhige Plätschern der Brunnen und die Aussicht, hinter den traditionellen islamischen Fenstergittern von wohltuender Kühle empfangen zu werden, verleihen dem Haus besonderes Flair.

Der Entwurf des namhaften ägyptischen Architekten Hassan Fathy für die 1978–80 errichtete Sa Bassa Blanca basiert auf einem nordafrikanischen *ribat*, einer Art mittelalterlicher Wohnburg. Zusammen mit zwei spanischen Architekten und Handwerkern aus Nordafrika und Ägypten gelang es Fathy, Jakobers Vision Gestalt zu geben und die Baukunst des maurischen Spaniens wieder aufleben zu lassen. Um einen traditionellen Patio herum errichtet, entspricht Sa Bassa Blanca mit begehbarem Dach, Bogenfenstern und kühlen Arkadengängen tatsächlich dem Ideal dieser Stilrichtung. Als Dekoelement genutzte Backsteine und die Auslegung über mehrere Ebenen unterstreichen die maurisch-spanische Atmosphäre zusätzlich. Die beiden renommierten Sammler kombinieren in ihrem Haus nicht nur alte Textilien und Einrichtungsgegenstände aus der Türkei, Nordafrika und Spanien, sondern auch Bauelemente dieser Regionen, etwa marokkanische Alkoven und alte spanische Kacheln.

Das Geheimnis der Authentizität von Sa Bassa Blanca liegt in der Verwendung traditioneller Elemente, die stets im Rahmen bleibt, nie übertrieben oder gar aufgesetzt wirkt. Das Ganze ist so stilvoll, dass die satten Farben der antiken Einrichtungsstücke eins werden mit modernen Skulpturen und Gemälden – und das in einem gerade einmal zwanzig Jahre alten Haus. Ein aus Stahlträgern konstruierter Tisch wirkt im Wintergarten nicht weniger überzeugend als sein traditionell islamisches Gegenstück in einem Alkoven.

Die Sammlungen der Stiftung sind im Haus selbst und in einem benachbarten neuen Ausstellungsgebäude verteilt. Die ruhige Strenge des luftigen Interieurs und des gepflegten Gartens von Sa Bassa Blanca bilden den idealen Rahmen dafür.

LINKS OBEN *Wie im Haus selbst kommen auch im Park verschiedene kulturelle Einflüsse zum Tragen. Hier sind es englische Rosen und eine formgestutzte Hecke.*

LINKS UNTEN *Der betagte Drahtesel vor der honiggelben Trockensteinmauer ist Ben Jakobers »Hommage à Picasso«.*

RECHTS *Sa Bassa Blanca ist vermutlich das bislang einzige Projekt des ägyptischen Architekten Hassan Fathy in Westeuropa. Mittels charakteristischer Elemente der nordafrikanischen Bautradition spricht er die maurische Vergangenheit Mallorcas an. Der begrünte Innenhof mit Marmorbrunnen, der dekorative Einsatz von Holz und Backstein sowie die tief gesetzten Fenster und gestuften Terrassen sind charakteristische Merkmale seines Stils. Die typisch nordafrikanischen Zinnen, die in das wolkenlose Blau ragen, symbolisieren den Übergang zwischen Himmel und Erde.*

LINKS *Der schattige Alkoven an einem Ende des Innenhofs wird »Theater« genannt und besitzt eine gekachelte »Bühne«. Der islamische Diwanbogen umrahmt ein Keramikfliesenbild von Ben Jakober, das zu einer Serie namens »Cruxigramme« gehört. Die spanischen Mosaikkacheln sind original 15. Jahrhundert und wurden mit großer Mühe zusammengefügt. Das darin vorherrschende Blau, Weiß und Schwarz spiegelt sich in Jakobers Kunstwerk sowie in den Kissen wider.*

RECHTS *In den kühlen, hohen Gängen bieten zahlreiche Winkel und Ebenenwechsel Gelegenheit, Skulpturen auszustellen. Hier steht ein »Greves« tituliertes Objekt aus oxidierter Bronze auf der Marmorplatte eines ebenfalls von Jakober entworfenen Tisches.*

LINKS *Im Werk der beiden Künstler finden sich viele Verweise auf die unterschiedlichen kulturellen Einflüsse, die sie verarbeiten und die die von ihnen ins Leben gerufene Stiftung bereichern. Die Gitterskulptur eines Pferdekopfes aus der Serie »Cavallo di Leonardo« ist sichtlich von den Zeichnungen Leonardo da Vincis inspiriert; eine vierzehn Meter hohe Version davon war 1996 auf der Biennale in Venedig zu bewundern. Die patinierte Bronze »Schwarze Göttin« im Eingangsbereich gehört zu der Serie »Chtonisch-Apollonisch«.*

dafür alte Kacheln aus Südspanien verwendeten. Die darunter befindliche Fläche hat Yannick Vu mit einer eingefärbten Wachs-Gips-Mischung gestaltet. Diese in weiten Teilen des Mittelmeerraums übliche Technik schafft dezent gemusterte Oberflächen von mattwarmem Glanz. Die Stirnseite des Alkovens schmückt ein Werk, das nur Ende des 20. Jahrhunderts entstanden sein kann: Ben Jakobers »Fulguration III« besteht aus den Platinen von IBM-Computern, deren stetes Wiederholungsmuster die Geometrie der islamischen Ornamentik aufzugreifen scheint.

OBEN *Das vermeintliche Heldenporträt eines Wüstenritters von Gerhard Merz übermittelt in seinem Titel eine düstere Botschaft: »Mondo Cane; Zivilisation im Untergang«.*

RECHTS *Die einzigartige Mischung von Orient und Abendland, Antikem und Modernem zeigt sich selbst in diesem kleinen Ensemble aus türkischer Messinglampe, europäischer Fotografie einer orientalischen Szene (19. Jahrhundert) und einer Jakober/Vu-Skulptur.*

GEGENÜBER *Die Holzdecke des Alkovens im Marokko-Raum ist ein Meisterwerk andalusischer Handwerkskunst aus dem 15. Jahrhundert. Der Torbogen stammt aus Casablanca und ist aus unzähligen bunten Holzstückchen, »maqurnas« genannt, zusammengefügt, die an kleine Holz-Stalaktiten erinnern. Auch der Diwan mit den lederbezogenen Kissen und Polstern kommt aus Marokko. Die umlaufende Wandbordüre ist das Werk mallorquinischer Kunsthandwerker, die*

RECHTS *Weiß gekalkte Wände und mit Backstein betonte Spitzbögen unterstreichen die Halb-drinnen-halb-draußen-Atmosphäre des Wintergartens. Vor diesem Hintergrund kommt die Schönheit der Fliesen, die hier ein Innenfenster einfassen, besonders gut zur Geltung. Diese Kachelarbeit aus kleinen, mosaikartigen Stücken (17./18. Jahrhundert) setzt die Vorgaben für das Farbschema des ganzen Raumes. Bei dem einladenden Diwan sind florale Gobelin-Kissen aus Europa mit Webstoffen aus dem Hohen Atlas kombiniert, wo sie in Berberzelten benutzt werden. Das Gemälde von Yannick Vu zeigt den (fliegenden) italienischen Mönch »San Giuseppe di Copertino«, der ein Element der Bewegung in das ansonsten friedlich-stille Interieur bringt. Auf der Marmorplatte des Ben-Jakober-Tisches steht ein Paar Kerzenleuchter, aus denselben Stahlträgern gefertigt wie die Tischbeine. Das milde Licht des Raumes fängt sich in dem matten Metall und den sanften Konturen des aus Persien stammenden Elefanten.*

LINKS *Eine Ecke des Wintergartens rückt die islamischen Spitzbögen mit ihrem charakteristischen Gitter-Fensterwerk in den Blickpunkt. Mitten unter Grünpflanzen steht ein viktorianischer Deckchair, daneben, auf einem grazilen Bronzetischchen, Ben Jakobers Blei-Skulptur »Soft Touch«, die an eine bauchige Vase erinnert. Die Büste im Hintergrund, ein Werk von Giuseppe Ducrot, zeigt den Künstler.*

RECHTS *Steingut aus dem Spanien des 16. Jahrhunderts schmückt diese Küchenwand. Die rau verputzten Borde und Fensternischen erinnern an eine traditionelle Bauernküche. Talavera-Kacheln vom Festland, ein Refektoriumstisch aus Nordspanien und eine mallorquinische Öllampe runden die Einrichtung ab.*

GANZ RECHTS OBEN UND UNTEN *Ein massiver Spülstein, in dem früher Olivenöl abgefüllt wurde, bildet den Boden einer Nische, deren grünweiße Kacheln und Schalen aus Valencia stammen. Überall in der Küche sind Keramiken und blank poliertes Kupfer zu bewundern.*

NATUR PUR

Fast unsichtbar eingebettet in die umliegende Landschaft, bietet Jean Louis Mitjans' Sommerhaus auf Mallorca ideale Entspannung. Drei oder vier Monate im Jahr kehrt Mitchi, wie er hier genannt wird, Barcelona und seiner ihn ganz in Anspruch nehmenden Arbeit als international erfolgreicher Filmproduzent und Regisseur den Rücken, um in diesem Refugium in den mallorquinischen Bergen Kraft und neue Ideen zu tanken. Das Haus liegt am Steilhang der Schlucht des Flusses Torrente es Barranc und bietet eine spektakuläre Aussicht über das Tal zum Dorf Biniaraix. Auf Terrassen, vor tausend Jahren von den Mauren auf beiden Seiten der Schlucht angelegt, wachsen knorrige Ölbäume und Eichen.

Mitchi, der sich ursprünglich zu Ibiza hingezogen fühlte, entschloss sich beim ersten Mallorca-Besuch spontan zu einem »Inselwechsel«. Biniaraix wählte er, weil das Dorf, das man nur über eine schmale, kurvenreiche Straße von Sóller aus erreicht, kaum von Touristen heimgesucht wird. Zum Haus selbst, zehn Gehminuten von Biniaraix entfernt, führt keine Straße. Mitchi hat es Stein für Stein eigenhändig gebaut. Zuerst transportierte er Sand, Zement und Steine auf einem Esel, holte sich dann aber die Sondergenehmigung für einen kleinen Traktor, der den aus maurischen Zeiten stammenden Steinpfad nicht beschädigte. Das Haus besteht aus einem großen Raum, geteilt in Schlaf- und Wohnbereich. Es gibt keine Heizung und kein Bad, aber in eine Felsengrotte etwas unterhalb hat Mitchi ein richtiges Badezimmer mit fließendem heißen Wasser einbauen lassen. Den größten Teil des Sommers spielt sich das Leben auf der überdachten Terrasse ab, zu der eine eingebaute Küche und eine schattige Sitz- und Schlafgelegenheit gehören. Auch dieses Bett und der lange Diwan sind im Grunde nichts anderes als Zementsockel mit hübsch bezogenen Matratzenpolstern. Auf zwei oder drei Terrassen unterhalb des Hauses hat Mitchi den Boden geebnet und unter den Bäumen Deckchairs aufgestellt, die in verschiedene Richtungen schauen. So wirken sie ein wenig wie Wachtposten auf den Mauern eines antiken Römerlagers.

Hoch über dem Tal von Sóller verbringt Mitchi so den Sommer unter freiem Himmel, inmitten purer Natur. Er verlässt sein Refugium nur, um Lebensmittel vom örtlichen Markt zu kaufen. Frischen Fisch besorgt er direkt am Hafen von Porto Sóller und brät ihn dann über offenem Feuer. In diesem idyllischen Ambiente ist das Fehlen moderner Hilfsmittel kein Manko, sondern ein kostbarer, weil seltener Luxus.

OBEN *Auf den kleinen Terrassen unterhalb des Hauses sind – immer paarweise – Deckchairs aufgestellt. Ein auf den Boden gemaltes Backgammon-Brett hilft die Zeit zu vertreiben.*

LINKS *Mitchis Sommerdomizil verbirgt sich zwischen mallorquinischen Eichen und Ölbäumen, die auf den Terrassen über Biniaraix heute wild wachsen. Für manche Geschmäcker zu primitiv, ist das Haus in demselben Stil erbaut, den die Mauren im 11. und 12. Jahrhundert auf der Insel einführten.*

OBEN UND RECHTS *In den Hügel hineingebaut, ist der Freiluft-Wohn- und Schlafbereich von den Trockensteinmauern der Terrassen umschlossen. Hier hat Mitchi einfache Steinpodeste gebaut, die als Sofa und Schlafstätte dienen; auch der mit einem Mosaik verzierte Tisch lässt sich nicht verrücken. Die im Grunde überaus primitive Konstruktion besitzt ein Bambusdach und »Wände« aus Schilfrohrmatten, die heruntergelassen oder hochgezogen werden können.*

OBEN *Das Bad wurde auf der Terrasse direkt oberhalb des Hauses regelrecht aus dem Fels geschnitten. Hier gibt es den Luxus von fließendem warmen und kalten Wasser und eine Toilette. Mitchi wäscht sich jedoch lieber im eisigen Wasser des Torrente es Barranc, dessen Rauschen – er fließt nur zwanzig Meter vom Haus entfernt vorbei – in der ansonsten stillen Schlucht eine wunderbare Geräuschkulisse bildet.*

LINKS, OBEN UND RECHTS
Unter den massiven Holzbalken im Inneren des Hauses bietet ein vier Meter langes Bett an einem Ende des neunzig Quadratmeter großen Raumes zwei Personen die Möglichkeit, Kopf an Kopf zu schlafen. Ein Wandschirm teilt diesen Ruhebereich ab. Kissen und Vorhänge sind aus dem inseltypischen Webstoff Ilengua genäht. Alles ist so schlicht und simpel wie möglich gehalten, um die Magie der Landschaft nicht zu stören. Es gibt keine Heizung und keine sanitären Anlagen im Haus. Eine Sammlung von Marienbildern an der Stirnseite des Raumes, Flohmarktfunde aus Barcelona und von Mallorca, wirkt eher zufällig zusammengestellt, und die Kerzenleuchter, die man überall sieht, dienen weniger der Dekoration denn als tatsächliche Lichtquellen.

Seit Generationen in Besitz der Familie von Antonio Obrador, war die unweit Santa Maria gelegene alte Finca Son Berenguer etwas heruntergekommen, als sich der Architekt entschloss, sie zu renovieren und so für sich und seine Frau Clara, eine Malerin, ein komfortables Heim zu schaffen.

Obradors Talent, alte Fincas in stilvolle Wohngebäude zu verwandeln, ist weithin bekannt. Zwei andere von ihm umgebaute Häuser – Moncaire und Son Palou – sind ebenfalls in diesem Buch vorgestellt. In jedes Projekt fließt sein Wissen über mallorquinische Architektur und historische Interieurs ebenso sehr ein wie seine Liebe zu traditionellen Materialien. Als Inspiration dienen ihm häufig sehr bescheidene Vorgaben – etwa die simplen Fenster-Gesimse gewöhnlicher Gehöfte –, die er, etwas modifiziert und in neue Proportionen gesetzt, für seine Projekten aufgreift, wo sie völlig neu zur Geltung kommen: leger und elegant zugleich.

Auch bei seinem eigenen Haus hat er überzeugende Lösungen von diskreter Eleganz gefunden. Im Speisezimmer zeigen die Gewölbedecke und die Türen, die symmetrisch den offenen Kamin flankierenden, eine Tendenz zum Formellen, doch der Verzicht auf Ornamentik, sei es in Form von Stuck oder Türschmuck, huldigt dem Charakter der alten Finca. Auch die ehemaligen Nebengebäude wurden in die Modernisierung einbezogen. Die *tafona* wurde in ihrem ursprünglichen Zustand belassen (die Ölpresse funktioniert noch!), aber mit rustikalen Möbeln als Freiluft-Wohnzimmer eingerichtet. Sorgfältig restauriert, ist auch die aus dem 15. Jahrhundert datierende Kapelle wieder in Gebrauch.

Wie bei den meisten (Sommer-)Domizilen auf Mallorca spielt sich auch in Son Berenguer das Leben meist im Freien ab. Aus diesem Grund sind Garten und Haus eng verbunden, was am schönsten in dem neuen Pavillon zum Ausdruck kommt, der vor dem Musikzimmer zwischen lavendel- und orangenbaumgesäumten Teichen erbaut wurde. Wasser genießt bei Obrador immer eine besondere Bedeutung; hier fließt es in Steinrinnen, die den alten maurischen Bewässerungskanälen nachempfunden sind. Eine führt unter einer Brücke zwischen Musikzimmer und Pavillon hindurch und betont so den Zugang zu dem Gartenraum. Dieser ähnelt mehr einem gläsernen Festzelt denn einem Gewächshaus und ruht auf einem mit Zierbogen geschmückten Metallrahmen. Im Sommer lassen sich die Seitenwände öffnen, aber auch bei kühlerer Witterung wecken die Glasscheiben die Illusion, man befinde sich im Freien.

OBEN *Die leuchtenden Früchte eines chinesischen Orangenbäumchens setzen dem sattgrünen Blätterteppich im Innenhof eine farbige Krone auf.*

LINKS *Jenseits eines Seerosenteichs steht ein Pavillon mit alten mallorquinischen Zitrusholzsofas. Die dunkelgrüne Metallkonstruktion mit dem dezenten Dekor geht fast nahtlos in das wechselvolle Grün der Bäume über.*

LINKS *Schmucklose, fast strenge Architektur bildet den dezenten Hintergrund für die wunderschönen Möbel des Speisezimmers. Die steinernen Türeinfassungen und die Türen selbst sind betont schlicht gehalten, doch ihre Symmetrie verleiht dem Raum eine würdevolle Förmlichkeit, die von dem traditionellen, durch goldgelbe Linien betonten Kreuzrippengewölbe noch unterstrichen wird. Der Kristalllüster stammt aus einem Atelier in La Granja, der alten königlichen Sommerresidenz bei Segovia auf dem Festland. Der Walnuss-Esstisch ist mallorquinisch.*

RECHTS *Der schwere sonnengelbe Stoff der Vorhänge und Sesselbezüge der Bibliothek wurde in dem nahe gelegenen Dorf Santa Maria auf traditionellen Webstühlen im Familienbetrieb von Guillem Bujosa gefertigt. Unter dem französischen Spiegel (17. Jahrhundert) hält ein ebenfalls aus Frankreich stammender gusseiserner Ofen den Raum an kalten Tagen warm. Im Sommer dagegen lassen sich die raumhohen Fenstertüren weit öffnen. Die lederbezogenen Stühle vor dem Fenster sind alte Familienerbstücke.*

Living in Venice
VATICAN

LINKS *Der lange, sonnige Flur im Obergeschoss schließt in einem flachen Tonnengewölbe mit schmalem goldgelben Gesims. Auch hier ziert die Türen ein schlichter Steinrahmen, die Knäufe sitzen stets mittig. Diese im ganzen Haus durchgängig eingesetzten Elemente schaffen eine Atmosphäre von gediegener Eleganz.*

LINKS *Um das wunderschön intarsiengeschmückte Kopfteil dieses mallorquinischen Bettes (18. Jahrhundert) voll zur Geltung kommen zu lassen, sind die kräftig gestreiften Baldachinvorhänge zur Seite geschlagen. Die Türen des Einbauschranks gleichen den raumhohen Fenstertüren des Erdgeschosses.*

LINKS *Auf Kragsteinen ruhende Balken rufen ins Gedächtnis, dass sich dieses ansonsten erlesen-kultivierte Interieur in einer alten Finca befindet. Das lebensgroße Porträt, ein Werk von Clara Urquijo Obrador, zeigt eine Cousine der Malerin. Der Feldsekretär (17. Jahrhundert) auf dem Klapptischchen und das Klavier (frühes 18. Jahrhundert) gehören seit vielen Jahren zum Inventar von Son Berenguer. Die Wände des Musikzimmers schmücken Stiche mit Szenen aus italienischen Opern, und die Vorhänge, die mit Ringen an einer schlanken schmiedeeisernen Stange befestigt sind, stammen aus der Werkstatt der Familie Bujosa in Santa Maria.*

ALT UND NEU KÜHN KOMBINIERT

OBEN *Wie ein Stillleben arrangiert: traditionelle Gläser, mundgeblasen in dem Familienbetrieb von Vidrios de Gordiola in Algaida, und eine Schale mit frischen Feigen vom Markt.*

LINKS *Die terrakottageflieste Terrasse mit der herrlichen alten Balustrade blickt auf einen ruhigen, begrünten Innenhof. Enriqué und Juancho haben sie mit einem Bistrotisch (vom Flohmarkt in Palma) und zwei mallorquinischen Korbsesseln einladend wohnlich möbliert.*

Nur wenige Besucher wissen Näheres über die Geschichte der Stadt Palma, deren kosmopolitische Vergangenheit all jene überraschen würde, die Mallorca lediglich als Urlaubsinsel mit Sonne und Strand betrachten. Wer länger bleibt, merkt jedoch rasch, dass die Hauptstadt der Balearen ein pulsierendes Pflaster ist, mit einer wachsenden Zahl von Cafés, Restaurants, Design-Studios und Kunstgalerien. Das kulturelle Herz Palmas, im Schatten der großen gotischen Kathedrale und Almudaina (offizieller Amtssitz von König Juan Carlos) gelegen, ist ein höchst eleganter Stadtteil. Hier haben Juancho und Enriqué in einem Haus aus der Jahrhundertwende ihre Traumwohnung gefunden.

Das ursprünglich von einer Familie bewohnte Gebäude an der Plaça de Cort wurde vor rund zehn Jahren in geräumige Eigentumswohnungen aufgeteilt. Der gebürtige Mallorquiner Enriqué und Juancho, der aus San Sebastian kommt, haben Täfelung, Kamine und andere Eigenheiten belassen und so den epochetypischen bourgeoisen Charme des Hauses bewahrt, sich aber nicht gescheut, diesen mit kühn-modernen Stücken zu kombinieren. Dies überrascht freilich wenig, wenn man weiß, dass die beiden bis vor kurzem in Palma ein Geschäft für moderne Raumausstattung führten.

Die überall sichtbare Konfrontation zwischen Alt und Neu – zwischen einem grellorangefarbenen Sofa und antiken mallorquinischen Möbeln etwa – führt zu einem Spannungsverhältnis, das sich auch an den Wänden fortsetzt, wo riesige abstrakte Gemälde zeitgenössischer spanischer und baskischer Künstler neben alten Heiligenbildern hängen. Liebe zu modernem Design und mallorquinischer Geschichte und Tradition treten deutlich zutage. Doch während die meisten Wohnungen mehr oder weniger in eine Richtung tendieren, ist in Enriqués und Juanchos Zuhause der Kontrast zwischen ruhigen, altmodischen Elementen und kraftvollem modernen Design so ausgeprägt, dass man eine merkwürdige Dynamik zu spüren vermeint. Dasselbe gilt übrigens für ihre *casita* in den Bergen bei Fornalutx.

Heute leben die beiden in San Sebastian, wo Enriqué ein neues Geschäft eröffnet hat und Juancho, der Architektur, Innenarchitektur und Kunst studiert hat, das Familienunternehmen (ein Geschäft für Raumausstattung) weiterführt. Wie viele andere in diesem Buch vorgestellte Wahl-Mallorquiner sind auch sie also mittlerweile zu Gästen geworden, die jedoch jede freie Minute auf der Insel verbringen.

OBEN *Kostbare Stickereien in Seide und Gold für geistliche Roben und verschiedene gerahmte Heiligenbilder schmücken eine Wand des Schlafzimmers. Zu ihren Füßen steht ein kleiner alter Stuhl von der Art, wie ihn – so Enriqué – die einheimischen Frauen benutzen, die »gerne unter ihrer Haustür sitzen, mit Freundinnen plauschen, Passanten beobachten und alles im Auge behalten, was in der Nachbarschaft so vor sich geht«.*

OBEN *Eine Serie von Aquarellen zeigt den Bahnhof von Palma, wo die Züge in Richtung Sóller und Inca abfahren. Darunter eine alte Werkbank.*

RECHTS *Der offene Kamin und die Holztäfelung transportieren das Flair der Jahrhundertwende in unsere Zeit und kontrastieren aufs Schönste mit einem Sessel von The Conran Shop, einem Blumenarrangement und einem Bild des baskischen Malers Vicente Ameztoy.*

DIE EINFACHEN DINGE DES LEBENS

OBEN *Die größere der beiden Terrassen wird von einem dreieckigen Baumwoll-»Segel« beschattet. Als Geländer dient ein Bauernzaun: verwitterte Holzpfosten und -latten mit Maschendraht.*

LINKS *Zwischen knorrigen Ölbäumen steht das aus einheimischem Söller-Stein gebaute Haus an einem Hang, der vor rund tausend Jahren, zur Zeit der maurischen Besatzung, mit demselbem Naturstein terrassiert wurde. Moderne Gartenstühle lassen den heutigen Gebrauch der »casita« ahnen.*

Nur eine gute Autostunde von ihrer Stadtwohnung in Palma entfernt liegt in der Serra de Tramuntana über Fornalutx eine winzige Kate, die Juancho und Enriqué restauriert und mit teils modernen Stücken möbliert haben.

Die Ursprünge der Ortschaft Fornalutx reichen ins 9. Jahrhundert und die Zeit der maurischen Besatzung Mallorcas zurück; ihre kleine Kirche (13. Jahrhundert) ist auf den Grundmauern einer Moschee errichtet. Berühmt als eines der besterhaltenen Dörfer Spaniens, leitet sich der Name von den Lichtern *(lutx)* der Öfen *(forno)* her, die die Arbeiter, die die Terrassenfelder bestellten, schon von weitem sehen konnten. Auf einer dieser alten Terrassen steht das kleine Haus, von dem aus Juancho und Enriqué auf einen talwärts strömenden Gebirgsbach blicken.

Als die beiden das Häuschen – vermutlich eine von Schäfern oder Olivenbauern errichtete Schutzhütte – entdeckten, war es kaum mehr als eine Ruine. Heute begrüßt den Besucher eine hübsche, gut unterteilte *casita* mit einem Hauptraum und zwei von Baumwoll-»Segeln« beschatteten Terrassen, auf denen sich während des Sommers der größte Teil des Lebens abspielt.

Nur wenige Menschen, die eine derart schlichte Behausung ihr Eigen nennen, widerstehen der Versuchung, sie in Einklang mit ihrer ländlichen Tradition auszustatten. Juancho und Enriqué jedoch haben auch hier einen neuen, wagemutigen Zugang gefunden: Unter Berücksichtigung der natürlichen Umgebung haben sie das Äußere der Hütte zwar denkbar unauffällig in die Landschaft eingepasst, im Inneren aber ihrer Liebe zu modernem Design freien Lauf gelassen. So kommt es, dass sich hinter den rustikalen Natursteinmauern ein ganz und gar unkonventionelles Interieur verbirgt: zwei Liegen mit cremeweißem Samtbezug, schlichte Edelstahlstühle und eine merkwürdige Sammlung moderner Kunstobjekte.

Wie in ihrer Wohnung in Palma zeigt sich dennoch auch hier die sichtliche Verbundenheit mit der mallorquinischen Tradition. Das Häuschen ist ganz auf das einfache Leben ausgerichtet, und anstelle von modernem Komfort findet man inseltypische Einrichtungen wie den *fresquera* genannten Einbauschrank, in dem die beiden ihr Geschirr verstauen. Auch in Juanchos und Enriqués *casita* ist das Zusammenspiel aus Alt und Neu perfekt: Weder erstickt modernes Design das »Zurück-zur-Natur«-Gefühl, noch trübt die Strenge des einfachen Lebens die Freude am Genuss zeitgenössischer Kunst.

LINKS *Zwischen den Liegen befindet sich die alte »fresquera«, ein kleiner Einbauschrank, auf dessen malerisch durchhängenden Brettern Geschirr und Kochutensilien Platz finden.*

RECHTS *Die beiden modernen Liegen im Wohnraum tragen einen Bezug aus Pannesamt. In einer Zwischenetage gibt es weitere Schlafgelegenheiten. Die riesigen Flechtkörbe bieten Platz für alles und jedes. Dank leichtgängiger Rollen lässt sich der Hartholztisch problemlos auf die Terrasse schieben.*

UNTEN *Die englische Kiefernholzkommode steht hinter der Küche; das kunstvoll umhäkelte ghanaische Tuch diente ursprünglich als Kopfschutz gegen die Sonne.*

UNTEN *Juancho und Enriqué sind begeisterte Flohmarkt-Besucher. Auf dem berühmten Sonntagsmarkt auf der New Yorker Sixth Avenue stachen ihnen eine alte Fechtmaske und ein Baseball ins Auge. In ihrer neuen Umgebung wirken diese beiden Fundstücke fast wie Trophäen aus einer anderen Welt.*

FELSENBURG AUF DEN KLIPPEN

OBEN *Der massive Steintisch neben der Tür der »tafona« (Olivenpressraum) trägt noch die Markierungen der jeweiligen Ernteerträge. Wie die oberhalb befindliche Schießscharte genießt der Stein seit der Restaurierung von Son Rullan besondere Beachtung.*

LINKS *An einer Außenwand des acht Meter hohen Musikzimmers mit seinen riesigen Türen befindet sich ein ungewöhnlich, aber inseltypisch platziertes Fenster.*

Achthundert Meter über dem Meer klebt die Finca Son Rullan an einer Felswand der gebirgigen Westküste Mallorcas. Der Platz wirkt überaus romantisch, doch den Erbauern des ersten Hauses, das im 11. Jahrhundert an dieser Stelle entstand, ging es weniger um die prachtvolle Aussicht. Sie suchten vielmehr einen Ort, der ihnen Sicherheit vor den Piraten bot, die in den Küstenregionen Mallorcas ständig ihr Unwesen trieben.

Schießscharten zeugen heute noch von der Bedrohung, die vom Meer ausging, und auch sonst unterscheidet sich diese befestigte Finca in einigem von ihren gleichnamigen Gegenstücken im Landesinneren. Die heutigen Eigentümer, die das Anwesen Anfang der 70er-Jahre kauften, fanden wenig mehr als eine Ruine vor, deren Vergangenheit sie jedoch derart faszinierte, dass sie weder Zeit noch Geld noch Mühe scheuten, die Finca restaurieren zu lassen.

Der schmale, holperige Weg, der durch das Bergland zu Son Rullan führt, schlängelt sich in dramatischen Haarnadelkurven vorbei an knorrigen Ölbäumen und alten Terrassen hinauf zu einer Reihe landwirtschaftlicher Gebäude und endet schließlich vor dem hohen wettergebleichten Holzportal der Finca. Ein steinerner Engelskopf und ein Kreuz über den Türflügeln erinnern an den geistlichen Orden, der das Anwesen im 14. Jahrhundert bewirtschaftete. Im Inneren wurde die *tafona* – der einstige Olivenpressraum – in ein geräumiges Speisezimmer verwandelt, dessen Fußboden aus denselben Steinplatten besteht, die früher die Seitenwände der riesigen Wannen bildeten, in denen das frisch gepresste Olivenöl gelagert wurde. Weitere Teile dieser Wannen fanden als Kamineinfassung Verwendung, wie überhaupt im ganzen Haus Teile der ursprünglichen Finca entweder *in situ* belassen oder aber so umfunktioniert wurden, dass sie die Verwandlung in ein elegantes, komfortables Wohnhaus unterstützten, ohne dabei ihren eigentlichen Charakter einzubüßen.

Die riesigen Räume verleihen Son Rullan fast eine gewisse Monumentalität, und die Besitzer des Hauses unterstreichen diese Tatsache noch. Musik- und Speisezimmer sind über acht Meter hoch, und an den Fenstern zeigt sich die Mächtigkeit der Steinwände. In den gewaltigen Küchenkamin sind einige Bänke eingebaut, auf denen man die wohltuende Wärme der brennenden Olivenholz-Scheite genießen kann, wenn im Winter eisige Stürme die Küste entlangfegen.

OBEN *In diesen Terrakotta-Amphoren wurde Wein und Olivenöl aufbewahrt. Sie stammen aus der Zeit noch vor der maurischen Besatzung Mallorcas und erinnern an die wechselvolle Geschichte von Son Rullan.*

RECHTS *Von der Terrasse reicht der Blick die Küste entlang und weit übers Meer bis zum Horizont. Die Natursteinmauer der Brüstung fällt senkrecht zu den alten Ölbaum-Terrassen ab. Frühere Bewohner von Son Rullan hielten Ausschau nach Piraten – heute wartet ein einladend gedeckter Tisch.*

RECHTS OBEN *Ein inseltypisches flaches Steinbecken, wie man es in fast jeder mallorquinischen Finca-Küche findet. Hier wurde Olivenöl umgefüllt und Kleidung gewaschen. Die rauhe Oberfläche ist stellenweise ganz glatt gerieben. Trotz seiner niederen Funktion hat es sich etwas Monolithisches bewahrt. Viele Lagen Kalk haben die kantige Form des Alkovens gemildert und zeugen von dem Funktionswandel des Gebäudes im Laufe der Jahrhunderte. Steinböden, weiß getünchte Wände und rohe Holztüren prägen das Gesamtbild.*

RECHTS UNTEN *Dieser große Raum neben der »tafona« diente ursprünglich als Stall für die Esel, die die Olivenpresse antrieben. Umfunktioniert zu einem geräumigen Schlafzimmer mit sehr hoch platziertem Fenster und schmucklos belassenen, riesigen weiß gekalkten Wandflächen, präsentiert er sich nunmehr schlicht, aber auf diskrete Weise elegant möbliert. Eine moderne Treppe, im Design an eine Leiter angelehnt, führt hinauf zum früheren Heuboden, der jetzt Bad und Büro beherbergt.*

IBIZA, MENORCA UND FORMENTERA

IN DEN FELS GEBAUT

OBEN *Verwitterte Felswände halten Haus und Terrasse regelrecht umschlossen. Zur Beschattung dient eine simple Metallrahmenkonstruktion mit Schilfmatten.*

LINKS *Die massive Teak-Tischplatte des Freiluft-Essplatzes ruht auf Steinsäulen und als Sitzgelegenheit dienen drei Betonbänke. Von hier genießt man einen wunderbaren Blick auf die kleine Bucht unterhalb des Hauses, die nach dem Fenster in der zerklüfteten Felswand Sa Foradada heißt.*

Schon bei seinem ersten Besuch auf Ibiza im Jahr 1957 hatte Boris Bruzs die unberührte, ursprüngliche Schönheit der Insellandschaft begeistert. Daher suchte er bei seiner Rückkehr etwas, das diesen frühen Eindrücken gerecht werden würde – und fand es in der Nähe von Santa Agnes an der felsigen Westküste: ein von einem Ibizenko begonnenes Haus, das er nach seinen persönlichen Vorstellungen vollenden konnte.

Ebenso spektakulär wie abgeschieden auf einem Felsvorsprung über der Bucht Sa Foradada gelegen, scheint das Haus von riesigen grauen Felswänden umschlossen, die sich um die klaren, weißen Linien des im Grunde minimalistischen Bauwerks legen. Ehrfurcht vor der Natur bewog Boris, alles zu unternehmen, um das Haus in die Landschaft zu integrieren – anstatt es ihr aufzusetzen –, und dieses Leitmotiv zeigt sich nicht nur an der Fassade, sondern fast noch eindrucksvoller im kühlen, sparsam möblierten Inneren, wo die Felsenlandschaft selbst die weiß gekachelten Böden und die weiß verputzten Wände durchdringt: Im Essraum etwa öffnet sich ein Türbogen hin zu einem massivgrauen Natursteinblock, Teil der Klippen, in die das Haus hineingebaut ist. Er erscheint wie eine Zunge erstarrter Lava, die gerade noch rechtzeitig zum Stillstand gekommen ist und nun eine Wand des Eingangsbereiches bildet. Seine verwitterte Textur steht dabei in reizvoll-eigenwilligem Kontrast zu den glatten Oberflächen der Wände und Böden.

Gemäß Frank Lloyd Wright bieten Ausrichtung und Grundriss des Hauses endlose Möglichkeiten, Gewalt und Schönheit der umliegenden Natur zu bestaunen: Raumhohe Erkerfenster lenken den Blick auf ständig neue Fels-, Meer- und Himmelspanoramen. Die Räume, in denen Felsen immer wieder ungebrochenen Kontakt zur Landschaft herstellen, laden zur Kontemplation, ja, sie sind selbst Kunstwerk und mit entsprechendem Bedacht nur sparsamst und denkbar schlicht möbliert – vorwiegend in Glas, Stein und Zement. Die Beleuchtungskörper bleiben nahezu unsichtbar, die Fenster mit ihren charakteristischen schwarzen Metallrahmen tragen einfache, funktionale Jalousetten.

Boris und seine Frau Anna, die diese modernistische Simplizität »erholsam, sauber und gemütlich« finden und deren andere Häuser in Eivissa, New York und Paris ähnlich puristisch gehalten sind, lieben dieses Haus am Meer als Ort der perfekten Entspannung.

OBEN *Vor dem azurblauen Hintergrund des bis zum Horizont reichenden Meers reflektiert eine komprimierte Metallskulptur von Alain LeBras das mediterrane Licht. Sie steht auf einer der weißgekalkten Zementbänke, die die Brüstung der Terrasse bilden. Unterhalb des Hauses ist die Bucht so tief, dass mit einer Yacht kommende Besucher weiter entfernt ankern müssen – was den Vorteil hat, dass der Blick stets ungetrübt über die blaue See schweifen kann.*

RECHTS *Im Wohnraum in der oberen Etage des Hauses setzen sich die breit unterteilten Erkerfenster des darunter liegenden Speisezimmers fort und bieten einen spektakulären Panoramablick auf Bucht und Klippen. Die simplen funktionalen Jalousetten stehen in Einklang mit der minimalistischen Ästhetik. Als Schreibtisch dient eine Travertinplatte, die auf massiven Steinsäulen ruht. Der Rest des Mobiliars ist schlicht, zeitgenössisch und unaufdringlich.*

RECHTS *Eine kenianische Holzschale mit verschiedenen Gemüsen setzt in dem sparsamst möblierten, vorwiegend in Schwarz-Weiß gehaltenen Interieur des Speiseraums farbige Akzente.*

LINKS *Ein Stück gewachsene Felswand bildet den faszinierenden Blickfang des Speisezimmers – fast ein Bild, gerahmt von der schmucklosen Türöffnung. Im gesamten Haus hat die zerklüftete, verwitterte Schönheit des Steins Gemälde und andere Kunstobjekte, die man in einem konventionelleren Ambiente erwarten würde, überflüssig gemacht. Eine Ausnahme bilden die antiken Oliven-Amphoren, die Anne bei einem fahrenden Händler erwarb. Der restliche Raum ist fast minimalistisch möbliert: moderne Faltstühle und eine massive Glastischplatte, die auf runden Zementsockeln »schwebt«. Das durchgehende Weiß wird unterbrochen von Kachelstreifen, die das Nachtschwarz und die klaren Linien von Fensterrahmen und Stühlen aufgreifen und fortsetzen.*

RECHTS OBEN *Ein mächtiger Felsbrocken bricht die dominierenden Horizontalen dieses Gästezimmers. Abgesehen von dieser ungewöhnlichen Fenstersitzbank bestimmt kühles Understatement den Raum.*

RECHTS UNTEN *Auch in das Bad haben die Klippen Eingang gefunden und verwandeln die Wanne in ein Felsenbecken. Alle Fugen sind mit Zementmörtel verkittet, und ein Sockel verhindert, dass nach heftigen Regengüssen Wasser eindringt.*

GEGENÜBER *Der schlichte weiße Kachelboden, Metallfenster und -jalousetten sowie nahezu unsichtbare Beleuchtungskörper setzen sich auch in den Schlafräumen fort. Das Bettpodest ist mit den Fußbodenkacheln gefliest und besitzt einen Rahmen aus demselben Holz, das auch für Türschwellen, Brüstungen und Fensterbretter verwendet wurde. Der durchgehende Einsatz dieser Elemente im ganzen Haus lenkt die Aufmerksamkeit auf natürliche Dinge – sei es die spektakuläre Küstenlandschaft vor den Fenstern oder ein Korb mit winzigen Muscheln.*

DAS ELEFANTEN-HAUS

OBEN *Die Form der alten, inseltypischen Terrakotta-»ánforas« mit langem Hals und zwei Henkeln und der bauchigeren »tinajas« hat sich seit der Zeit der Phönizier nicht verändert.*

LINKS *Die schmucklose Fassade einer typisch ibizenkischen Finca bildet den perfekten Hintergrund für eine Fülle tropischer Pflanzen. Dieser Teil des Gartens ist in niedrigen Terrassen angelegt, deren eingelassene Steinstufen zum Pool hinunterführen.*

Aus der Entfernung unterscheidet sich Bruno Reymonds Haus unweit von Sant Rafael kaum von anderen traditionellen ibizenkischen Fincas: eine beinahe zufällig wirkende Kombination weiß gekalkter Würfel mit Terrassen und Flachdach, ebenso malerisch wie schlicht. Doch die Can Jordi – so der alte Name des Anwesens – ist anders. Bruno, ein Gastronom, der zwei Einrichtungsgeschäfte auf der Insel besitzt, hat sich hier ein Heim geschaffen, dessen Interieur die Einfachkeit Ibizas mit dekorativen Stilelementen aus Nordafrika, der Türkei und Indonesien kombiniert und zu einem exotisch-esoterischen Ambiente verbindet.

Dieser Eklektizismus spiegelt Brunos persönliche Interessen wider: Obwohl er die Can Jordi als sein Zuhause bezeichnet, verbringt er doch einen Großteil des Jahres auf Reisen, vorwiegend in Südostasien, und seine Wohnung wie seine Läden sind voller fremdländischer Dinge. Aus dieser Vielzahl unterschiedlicher kultureller Einflüsse hat Bruno mit sicherem Stilgespür ein Leitmotiv herausgefiltert, das sich wie ein roter Faden durch sein Heim, sein Restaurant und seine beiden Geschäfte zieht. Dieses Motiv ist der Elefant, dessen charakteristischer Gestalt und gutmütiger Geselligkeit man in vielerlei Gewand immer wieder begegnet – in Bildern, Ornamenten, Wandgemälden und Gegenständen des täglichen Gebrauchs. Er erscheint auch im Namen des Restaurants »L' Éléphant« und der beiden Läden, die Bruno »La Maison de l' Éléphant« getauft hat. Schon bevor er vor nunmehr fünf Jahren nach Ibiza zog, hegte er eine Vorliebe für die Dickhäuter, und bereits in seinem letzten Lokal, im Herzen von Paris gelegen, stellten die gemütvollen Riesen einen Großteil der Dekoration.

So, wie sein Haus mit Möbeln ausgestattet ist, die man ebenso in seinen Einrichtungsgeschäften finden könnte, zeigt sich die Gastfreundschaft des Restaurantbesitzers auch in seinem Heim, wo eine Reihe einladender Räume liebe Freunde willkommen heißt. Jedes der Gästezimmer (alle mit eigenem Bad) besitzt eine eigene Atmosphäre und ist nach einem bestimmten ethnischen Motto dekoriert. Als geselliger Mann und großzügiger Gastgeber hat Bruno entlang zweier Wände des riesigen Wohnraums bequeme Sofas einbauen lassen, und draußen laden ein mächtiger Tisch und rustikale Stühle zum Essen *al fresco* ein. Gepflasterte Terrassen umgeben das große Schwimmbecken. Neueste Errungenschaft ist ein marokkanischer Stein-Diwan mitsamt gekacheltem Himmel neben dem Pool.

LINKS *Obwohl sie aus Indonesien stammt, wohin Bruno häufig reist, passt diese Hängematte perfekt in die Landschaft Ibizas. In einer ruhigen Ecke von Brunos Garten lädt sie zu schattigen Mußestunden ein.*

RECHTS *Eine mächtige Tischplatte, installiert auf einem nicht minder massiven Naturstein-Sockel, bildet das Zentrum des schattigen Freiluft-Essplatzes. Dank ihrer quadratischen Form werden alle Gäste in die Unterhaltung miteinbezogen. Die rustikalen Stühle – drei auf jeder Seite – sind aus Kaffeebaum-Holz gefertigt und nicht verleimt oder verschraubt, sondern mit Bastschnüren verbunden. Wie die Stühle sind auch die Rattankörbe, Holzschalen und Keramikvasen vom Hausherrn selbst aus Indonesien importiert. Im Kontrast zu den glatten Flächen rund um den Pool wurde dieser Teil des Gartens mit grobem Stein gepflastert, was auch dem Stil des Essplatzes entgegenkommt.*

LINKS *Auf zwei Seiten des Wohnraums wurde ein niedriges Podest aufzementiert, das dicke, cremeweiße Polster in einen einladenden Diwan verwandeln. Vor dieser Kulisse kommen die marokkanischen Dekoobjekte besonders schön zur Geltung: Mit marokkanischen Textilien bezogene Kissen liegen auf den Sofas verstreut, und marokkanische Messinglampen zieren Tische und Wände; komplettiert wird die Sitzecke durch ebenfalls marokkanische Rosenholzstühle. Auf dem in warmen Erdtönen gehaltenen Wandgemälde des Engländers Gary Cook zieht eine Elfantenherde vorüber.*

RECHTS, OBEN *Elefanten haben Bruno Reymond fasziniert, solange er denken kann, und entsprechend früh fing er an, Gegenstände zu sammeln, die mit den Dickhäutern zu tun haben. Die Abbildung zeigt einen silbernen Schwertgriff aus Marokko.*

RECHTS, UNTEN *Der metallene Whisky-Spender in Form eines Elefanten stand ursprünglich in Brunos Pariser Restaurant »L'Elefant«.*

GANZ OBEN *Die Holzschütten mit Glasfront wurden von einem örtlichen Tischler nach Maß gefertigt.*

OBEN *Geschnitzte Holzlöffel mit Elefantengriff vertreten das Leitmotiv in der Küche. Auch diese hat der Hausherr aus Indonesien mitgebracht.*

RECHTS *Die massiv wirkende Einbauküche mit der dicken Arbeitsplatte und den offenen Regalen ist typisch für die Balearen. Sie greift die Architektur der alten Finca auf, deren mächtige Wandstärke sich an den tiefen Fensterbrettern zeigt. Den Balken, der sich über die gesamte Länge des Raums erstreckt, hat Gary Cook bemalt. Das simple ornamentale Design kommt mit wenigen Erdfarben aus, bereichert die weiß getünchte Küche aber um einen dekorativen Blickfang. Über dem Kochfeld sieht man die Öffnung zu dem original ibizenkischen Brotofen.*

LINKS UND RECHTS *Das Schlafzimmer des Hausherrn und das integrierte Bad nehmen die gesamte obere Etage des Hauses ein. Zu dem Raum, der sich über verschiedene Ebenen erstreckt, gehört auch ein Wohnbereich, der sich zu einer Terrasse hin öffnet, die den Pool überblickt. Die rau verputzten Wände wurden in einem unebenmäßigen Sandbeige getüncht, das dem ganzen Raum mild-gedämpfte Beleuchtung verleiht – obwohl die Fenster hier größer sind als in einer typischen Finca. Das sparsam möblierte Interieur wird dominiert von dem geschliffenen Zement, der für Fußboden und Einbaumöbel verwendet wurde. Die monolithische Solidität der versenkten Badewanne und der breiten Konsole mit zwei eingelassenen Waschbecken wird durch das Fehlen jeglicher Ornamente noch unterstrichen. Ein Ausnahme bilden die von Gary Cook bemalten Holztüren des Einbauschranks, die an einen Wandteppich erinnern und sämtlich im Raum vorkommenden Farben aufgreifen. Die einzigen anderen Dekoelemente sind – was sonst? – Elefanten, die über die breite Brüstung der Wanne laufen und in Form alten Kinderspielzeugs oder einer Fahrradreklame ansonsten leere Ecken und Wände beleben.*

LINKS UND UNTEN *Blick durch die simple Türöffnung, die das nur durch ein Oberlicht erhellte Bad mit dem dazugehörigen Schlafraum verbindet. Dieses Gästezimmer – nur eines von mehreren – befindet sich in einer »casita«, ein Stück weit vom Haupthaus entfernt. Die Inspiration zu dem Betonsockel des Kupferwaschbeckens lieferte Philippe Starck. Vor dem blassen Indigoblau der Wände wirken die honiggelben Natursteinmauern und der afrikanische Wandbehang besonders schön.*

RECHTS *Typisch ibizenkische Trokkensteinmauern lassen das kleine Gästehaus ein bißchen wie eine primitive Kate wirken, geben zugleich aber den (Farb-) Ton für Möblierung, Ausstattung und die bemalten Deckenbalken vor.*

EINE EIGENE WELT

OBEN *Neben der Eingangstür des Hotels Les Terrasses steht noch die alte »cisterna«, aus der das Wasser für die Finca Can Vich geschöpft wurde und die auch heute noch in Betrieb ist.*

LINKS *Auf der Terrasse vor der Küche nehmen Familie und Hotelpersonal die Mahlzeiten ein. Die Wände sind in blassem Indigoblau getüncht, einer Farbe, der man in Françoises Hotel immer wieder begegnet. Der alte ibizenkische Brotofen wird gelegentlich noch benutzt.*

Gäste, die sich nach dem Weg zu Les Terrasses – einem kleinen Privathotel in der Nähe von Santa Eulalia – erkundigen, erhalten gewöhnlich die Auskunft, nach blauen Gesteinsbrocken am Straßenrand Ausschau zu halten. Diese Wegbeschreibung mag zunächst merkwürdig klingen, ergibt aber sofort einen Sinn, wenn man sich dem mächtigen, leuchtend blauen Fels nähert, der als surrealistischer Markstein in der Landschaft steht und uneingeweihte Besucher auf das bezaubernde kleine Hotel einstimmt.

Als die gebürtige Pariserin Françoise Pialoux vor fünfzehn Jahren die Can Vich kaufte, war die Finca kaum mehr als eine Ruine. Das Ergebnis mühevoller Restaurierungsmaßnahmen, von ihr persönlich überwacht, ist ein einladendes Privathotel, das dem Anspruch auf Komfort und Eleganz gerecht wird, ohne sich übertrieben in Szene zu setzen. Das Talent zum Hotelier wurde Françoise in die Wiege gelegt: Ihre Großeltern führten ein Hotel/Restaurant am Rande von Paris. Schließlich ist es ihr persönlicher Einsatz – sie überwacht die Küche und hat alle Räume selbst dekoriert und eingerichtet –, dem Les Terrasses sein besonderes Flair verdankt. Wie ein Privathaus spiegelt das Hotel die Vorlieben seiner Besitzerin. Das Mobiliar ist eine eklektische Mischung aus alten und modernen Stücken, abgerundet durch Deko-Objekte von den Balearen, aus Frankreich und Afrika, die die Atmosphäre beredt ergänzen. Eingebaute Sofas stehen neben bequemen Fauteuils mit einem Überwurf aus schwerer Baumwolle oder Leinen. Françoise hat vieles Inseltypische mit Eigenentwürfen abgewandelt – durch gewagte Farbkombinationen, unverputzte Fenstereinfassungen oder die Verwendung von verblichenem Holz für Fensterläden und Spiegelrahmen. Dennoch wirkt das Design nicht allein auf der ästhetischen Ebene. Vielmehr ist es ihr gelungen, eben jene Elemente hervorzuheben, die Gäste besonders schätzen, zum Beispiel den privaten Patio, der zu jeder der acht Gäste-*casitas* gehört.

Der Swimmingpool ist von einer Natursteinmauer umgrenzt und wird von einer breiten Terrasse umgeben, auf der die Tische für das Mittagessen gedeckt sind. Abendessen gibt es auf den Terrassen rings um die alte Finca. Auch die Cuisine ist – wie so vieles andere – eine gelungene Mischung aus Französisch und Ibizenkisch, die Françoise mit Stil, Geschick und Phantasie kombiniert und so etwas geschaffen hat, was sie selbt »Une île dans une île« nennt.

LINKS OBEN *Zwar basieren sämtliche alten und neuen Gebäude auf inseltypischen Formen und Materialien, doch hat Françoise immer auch ihre eigenen Designideen mit einfließen lassen. Die unverputzte Fenstereinfassung und der strohgelbe Anstrich sind nur ein Beispiel.*

LINKS UNTEN *Jeder der kleinen privaten Patios hat seinen eigenen Charme und Charakter. Einige werden von begrünten Pergolen beschattet, andere von Schilfmatten und wieder andere allein durch das Laubdach der Baumkronen.*

RECHTS *Eine der »casitas« von Les Terrasses ist in Gelb und Blaßblau gehalten. Handgemalte Blüten- und Blätterranken verleihen dem rustikalen Bau einen zart-femininen Touch. Der aus rohen Brettern zusammengezimmerte Laden kontrastiert mit den schwarzen Fliesen des Badezimmer-Alkovens, der das Häuschen um eine zeitgenössische Komponente bereichert. Diese und viele andere Kleinigkeiten gestalten die Zimmer des Les Terrasses zu einer privaten Unterkunft, in der man sich einfach wohlfühlt.*

OBEN *Subtile Farbunterschiede bei den mosaikartigen Kacheln greifen die Unebenheiten und Nuancen der Wandfläche auf.*

RECHTS *Bei der größten »casita« dominiert Françoises geliebtes Indigoblau in verschiedenen Tönen. Im Wohnraum sind die zarten Nuancen mit den Erdfarben der riesigen Terrakotta-Fliesen und des grob gewebten Leinenstoffs der Vorhänge und Sofakissen kombiniert. Die charakteristischen Gewölbebögen zwischen den Deckenbalken sind ein inseltypisches Stilelement*

OBEN *Das großzügige Steinwaschbecken entspricht dem aparten Understatement der gesamten Ausstattung. Auch das gebleichte, unbehandelte Holz der Spiegeleinfassungen hier und im Wohnzimmer der »casita« unterstreichen die ansprechende Wohnlichkeit, die überall im Les Terrasses herrscht, während die Perlenschnüre ein zusätzliches ethnisches Element ins Spiel bringen. Raumhohe Fenstertüren öffnen sich auf den privaten Patio, wo die Gäste in völliger Abgeschiedenheit frühstücken können.*

HOCH ÜBER DEN WELLEN

OBEN *Segeltuch-Vorhänge, die wie richtige Segel mit Metallösen bestückt sind und oben und unten auf Drahtseilen laufen, lassen sich bei zu intensiver Sonne rings um die Veranda zuziehen. Die Adirondack-Stühle passen zum »New-England«-Stil des Strandhauses.*

LINKS *Das simple Häuschen wurde mit großer Sorgfalt und Liebe zum Detail ausgestattet. Der unvergleichliche Blick reicht weit übers Meer auf die der Westküste vorgelagerten Inseln.*

Françoise Pialoux, die für ihre Gäste im Hotel Les Terrasses ein perfektes Refugium geschaffen hat, verspürt verständlicherweise auch selbst den Drang, sich ganz zurückzuziehen – in ein Asyl, das ihr Ruhe vor dem Alltagsstress einer Hotelbesitzerin gewährt. Anstatt Les Terrasses *en miniature* nachzubauen, wie es vielleicht auf der Hand gelegen hätte, ließ sie sich jedoch etwas völlig anderes einfallen: Wenn sie mit ihrer Arbeit im Les Terrasses fertig ist – nicht selten gegen zwei Uhr früh –, steigt Françoise in ihr Auto und fährt in Richtung Küste, wo sie von der Hauptstraße abbiegt, um weitere zwanzig Minuten über einen unbefestigten Weg zu holpern.

Dort, hoch über den Wellen und mit unbeschreiblichem Blick auf die vorgelagerten unbewohnten Inseln, hat sich Françoise ein Häuschen bauen lassen, das die herrlichen Sonnenuntergänge der amerikanischen »West Coast« mit dem schlichten Design eines »New England Cottage« vereint, dessen weiße Holzschindeln in auffälligem Kontrast zu der inseltypischen Architektur aus Naturstein und weiß getünchtem Lehm stehen. Überdacht von einer wetterfesten Holzkonstruktion, ragt eine zweigeschossige Veranda auf die Klippen hinaus, die sich durch helle Segeltuchvorhänge vollständig beschatten lässt, wenn die mediterrane Sonne zu stark herabbrennt. Geräuschlos zur Seite gleitende Glastüren heben die Grenzen zwischen drinnen und draußen auf.

Auf dem »Oberdeck« sind moderne Deckchairs und ein schlichter Holztisch mit alten, verwitterten Sitzmöbeln kombiniert, die teilweise in denselben Blautönen lackiert wurden, wie sie Françoise für ihr Hotel verwendete. Über wenige Stufen erreicht man eine andere, kleinere Terrasse, die vor einem der Schlafzimmer liegt. Auf den Holzplanken stehen zwei rot gebeizte Adirondack-Stühle und laden zum Betrachten des wechselvollen Meerespanoramas und spektakulärer Sonnenuntergänge ein. Unterhalb des Hauses wurde ein Swimmingpool direkt zwischen die Klippen gebaut. Zu ihm gehört ein kleines Poolhaus, das gewagt auf einer Felsnase sitzt. Zum vierzig Meter tiefer gelegenen Meer führt eine steile, in den Stein gehauene Felsentreppe.

Dieses Häuschen ist ideal für stille Stunden in Gesellschaft der Sonne und der Seevögel. Doch Françoise ist keine Einsiedlerin, weshalb häufig ein einladend gedeckter Tisch auf Freunde wartet, die ihr in ihrem kleinen Paradies am Meer Gesellschaft leisten.

OBEN *Florale Themen ziehen sich durch das gesamte Haus. Hier zieren sie als ornamentale Muster ein marokkanisches Regal.*

LINKS *Das prächtige Rot des Teppichs (19. Jahrhundert) aus Jaipur wiederholt sich in dem Seidenbrokat der Wandbespannung, die Grillo mit einer goldgelben Weizengarbe bemalt hat. In der Nische steht eine Büste der Fruchtbarkeitsgöttin Tanit, deren Kult bis in die Zeit zwischen 700 und 146 v. Chr. zurückreicht, als Ibiza karthagische Kolonie war.*

Eine riesige Bougainvillea überwuchert Teile der Fassade der Can Pere Jaume, streckt ihre grünen Triebe zwischen die Bögen der Loggia im ersten Stock und wirft Wolken rosavioletter Blätter ab, die auf der als Essplatz genutzten Terrasse einen phantastischen Blütenteppich hinterlassen.

Seit acht Jahren ist die im 19. Jahrhundert errichtete Finca unweit von Santa Eulalia in Besitz von Grillo Demo. Der aus Argentinien gebürtige Künstler hat auch Wohnungen in New York, Key West, Paris und London, fühlt sich wegen seiner Liebe zum Gärtnern aber nirgends wohler als in seinem ibizenkischen Heim. Grillo, der einräumt, dass er schon als Kind einen »grünen Daumen« hatte, verwandelte den völlig verwilderten Garten in ein üppiges Paradies, das bis ins Haus hineinreicht, da er alle Zimmer mit Vasen voll leuchtender Blumen schmückt.

Die Gelb-, Rot- und Rosatöne der Blüten finden ihr Gegenstück in den nicht minder lebhaften Farben der Ausstattung und Grillos eigenen Gemälden. Häufig verschwimmt die Grenze zwischen gerahmten Bildern und seinen Wandmalereien auf zauberhafte Weise – etwa im Harlekinthema eines Bildes in der Küche, in einem abstrakten Rautenmuster an der Wand des Ateliers und wieder in einem Bild, das in seinem Schlafzimmer hängt. Überall herrscht ein Überschwang an Farben, das ganze Haus scheint von Lebensfreude erfüllt.

Neben seiner Malerei hat Grillo kürzlich angefangen, auch mit Metall zu arbeiten, und in der Can Pere Jaume sind einige seiner Kerzenleuchter zu bewundern. Seine Beiträge für die Zeitschrift *Interview* illustriert er anstatt mit Fotos mit kleinen, exquisiten Aquarellen.

Malutensilien und Requisiten sind ebenso Teil der Einrichtung von Grillos Haus wie das übliche Mobiliar, doch trotz einer verschwenderischen Fülle an dekorativen Stücken wirkt kein Raum überladen oder unübersichtlich. Ganz im Gegenteil: Alles atmet eine eigene Ordnung. Exotische Textilien liegen über einladend bequeme Sofas und Sessel geworfen; Kunstwerke aus Indien und Marokko stehen neben inseltypischen Stücken und einer Terrakottabüste von Tanit, der Fruchtbarkeitsgöttin Ibizas. Angesichts einer solch eigenwilligen Kombination lockt der Gedanke, den Charakter des Menschen, der all dies zusammengetragen hat, näher kennen zu lernen. Einen kleinen Fingerzeig gibt ein Porträt, auf dem Julian Schnabel den Maler in Öl festgehalten hat.

LINKS *Unter dem üppigen Blüten- und Blätterdach einer Bougainvillea liegt der gemütliche Essplatz. Auf dem langen »matanzas«-Tisch wurden früher Würste hergestellt. Die alten ibizenkischen Stühle erhielten indische Baumwoll-Sitzkissen; die Messinglaternen stammen aus Casablanca. Der Tisch im Bildvordergrund besteht aus einer umfunktionierten Tür – noch mitsamt Scharnieren.*

RECHTS *Terrakotta-Töpfe bringen ein buntes Blütenmeer auf die Terrasse. Kranzschlinge und Jasmin klettern das alte Holzspalier empor und verdecken bereits einen Teil der Hauswand. Den ganzen Sommer über erfüllt ihr schwerer, intensiver Duft die Abendluft. Die großen hölzernen Türflügel der alten Finca stehen weit offen, dahinter wird eine Falbel aus Blümchenstoff sichtbar. Die darüber befindliche Loggia, mit niedrigen Sofas mit indischen und marokkanischen Überwürfen bestückt, nennt Grillo seine »VIP-Lounge«.*

FG

LINKS *Anstatt die unschönen Küchenfliesen abzuschlagen, zauberte Grillo mit Lack und Pinsel daraus eine fantastische Trompe-l'œil-Gemäldegalerie auf kräftig rotem Hintergrund – darunter eine weitere goldene Getreidegarbe, die das Füllhorn von Mutter Natur symbolisiert. Dieses Thema wiederholt sich in den Gemüse- und Obstkörben, den mit Küchenkräutern und Blumen gefüllten Vasen. Ebenfalls wie Blumenbouquets arrangiert, steht auf dem Bord über Arbeitsplatte und Spüle eine umfangreiche Sammlung von Holzbestecken.*

RECHTS *Nach einer Beschädigung seines »Pulchinello«-Bildes riss Grillo ein Stück der Leinwand ab, so dass das Gemälde, das jetzt in der Küche hängt, vollends wie ein Fragment wirkt. Die ungeheuer kreative Spontaneität des Künstlers wird auch in dem natürlichen »Rahmen« sichtbar, den er für das Bild aus getrockneten Gräsern und Wildblumen gefertigt hat. Auf dem alten ibizenkischen Tisch haben spanische Messingleuchter einen Platz gefunden; zweien davon hat Grillo »Korallenketten« aus getrockneten Peperoni umgehängt.*

LINKS *Den Spuren der Farben folgend, die im ganzen Haus präsent sind, gelangt man unweigerlich zu Grillos Atelier. In Arbeit befindliche, teils kurz vor der Vollendung stehende Werke, Entwürfe und Fragmente geben Einblick in seine Arbeit, bei der sich immer wieder Blumen und Schmetterlinge als wichtigste Inspirationsquellen erweisen. Die Wand schmückt ein Rautenmuster im Harlekin-Dessin, das sich ebenfalls im ganzen Haus findet.*

RECHTS *Indische und ibizenkische Elemente dominieren in diesem Schlafraum, der auch ein Ölgemälde enthält, bei dem Grillo seinem Harlekin-Motiv einmal in dunkleren Farbnuancen nachgeht. Das inseltypische Bett (19. Jahrhundert) trägt eine in Indien gewebte Tagesdecke, die Wände schmücken ebenfalls alte Maharadscha-Bildnisse. Der Kerzenleuchter im Vordergrund zählt zu den Grillo-Werken, die erst kürzlich in Eivissa, London und Paris ausgestellt waren.*

FLOHMARKTMANIE

Victor Espositos Heim im Sa-Penya-Viertel von Eivissa, der Hauptstadt Ibizas, ist ein Schatzhaus voller Exotica und Merkwürdigkeiten, die ebenso großzügig wie mit leichter Hand zusammengestellt wurden. In der Tradition eines Kuriositätenkabinetts, wie es im 16. Jahrhundert üblich war, hat Victor die Räume seines Hauses mit Objekten angefüllt, die er in aller Herren Länder aufstöberte. Das Einzige, was sämtliche Gegenstände miteinander verbindet, ist die Tatsache, dass sie Victor auf einem Flohmarkt – in Guatemala oder Barcelona, in Tunis oder der Karibik – ins Auge stachen.

Victor ist in Marseille aufgewachsen und es gehört zu seinen frühesten (und schönsten) Kindheitserinnerungen, zwischen Flohmarktbuden herumzustreunen und in die Schaufenster von Antiquitätengeschäften zu spähen. Er entwickelte einen sicheren Blick für Design, der schließlich zur Eröffnung seines eigenen Geschäftes auf Ibiza führte. Dessen schrulliger Name – Pan con Tomate –, der sich auf die »Spezialitäten« der Insel bezieht, deutet bereits auf eine individualistische Mixtur von Antiquitäten, Ethno-Möbeln und Einzelstücken hin. Außerdem stehen Werke zeitgenössischer, auf Ibiza und den anderen Balearen-Inseln lebender und arbeitender Künstler zum Verkauf; es gibt Schmiedeeisen-Skulpturen von Grillo Demo (dessen Haus in diesem Buch ebenfalls vorgestellt wird), Lampenschirme aus Naturmaterialien von Emiliano und Glas- und Metallarbeiten des Engländers Tom Dixon.

Victors zweigeschossige Wohnung liegt in einem der typischen weiß gekalkten Häuser, die die schmalen Gassen im alten Fischerviertel von Eivissa säumen. So malerisch sie sind, wirken diese Wohnhäuser doch oft beengend. Victor hat deshalb sein Labyrinth kleiner Räume völlig umgestaltet und Wände herausgenommen, so dass die Wohnung jetzt licht und großzügig wirkt. Von der Diele, die gleichzeitig als Esszimmer dient, führt eine Freitreppe zu einem loftartigen großen Raum, dessen raumhohe Glastüren sich auf eine sonnige Terrasse öffnen, die die Dächer der Nachbarhäuser überblickt.

Trotz des neuen, weiträumig-modernen Grundrisses legt Victor Wert auf traditionelle Elemente: Neben einigen großen, modernen Fenstern durchbrechen auch inseltypische kleine die dicken Mauern, es gibt schmale Alkoven mit maurischen Bögen, Terrakotta-Böden – und natürlich überall die weiß gekalkten Wände, deren abgerundete, unebenmäßige Konturen jedes inseltypische Interieur prägen.

OBEN *Die Holzobjekte auf dem indonesischen Tischchen sind Mitbringsel von Reisen nach Madagaskar, Kuba und Guatemala.*

LINKS *In der Diele/Essecke hat Victor – scheinbar willkürlich – riesige spanische »ánforas«, Holzmöbel aus Südfrankreich, Hörner und eine Riesenmuschel zusammengestellt. Diese gegensätzlichen Elemente fügen sich zu einer gewagten Komposition, die jedoch Ton-in-Ton bleibt und daher auf unaufdringliche Weise in sich stimmig ist.*

OBEN *Victor besitzt die Gabe, simple Dinge auf phantasievoll-kreative Weise zu kombinieren. Hier wurde eine alte steinerne Viehtränke zum Waschbecken umfunktioniert. Als Spritzschutz dienen einzementierte alte Fliesen (Fundstücke vom Flohmarkt in Barcelona), die nicht wie üblich dicht an dicht gesetzt und nur durch schmale Fugen getrennt sind, sondern wie kleine Einzelbilder dekoriert wurden und so ihre volle Schönheit zur Geltung bringen.*

OBEN *Ausrangierte Reissäcke fungieren hier als Kissenbezüge. Ihre grobe Textur ergänzt sich mit den übrigen, mit Naturfarben kolorierten Textilien zu einem harmonischen Gesamtbild. Der maurische Fensteralkoven mit eingebauter Sitzbank zählt zu den wenigen Ausnahmen, bei denen Architektur aktiv an der Gestaltung eines exotischen Interieurs mitwirkt – gewöhnlich kommt diese Rolle allein Möbeln und Deko-Objekten zu.*

RECHTS *Neben Flohmarkt-Fundstücken sammelt Victor auch Werke zeitgenössischer Künstler. Hier ist ein schmiedeeiserner Leuchter von Grillo Demo neben einer ibizenkischen Kommode aus dem 19. Jahrhundert zu bewundern. Das ebenfalls von Grillo Demo stammende Ölgemälde wurde nicht aufgehängt, sondern steht gegen die Wand gelehnt, was einen engeren Bezug zu den übrigen Stücken der eklektischen Mischung schafft.*

MADAGASCAR

LINKS *Die Glas-Metall-Skulptur auf dem Kaminsims hat Tom Dixon gefertigt, das darüber befindliche Ornament ist die Schornsteinabdeckung einer alten baufälligen Finca. Victor gefiel das Design derart, dass er es nachbilden ließ und damit das Ende der Treppenbalustrade schmückt (siehe Abb. rechts).*

RECHTS *Nachträglich eingebaute Oberlichter erfüllen den loftartigen Raum mit Helligkeit. Der Eindruck von lichter Größe wird noch unterstrichen durch die bewusst leer gelassenen riesigen weißen Wandflächen, die den optimalen Hintergrund für Möbel und Kunstobjekte schaffen. Regelrecht theatralisch wirkt die massige Silhouette eines Stierkopfes, Spanienreisenden als Straßenwerbung für einen bekannten Brandy wohl vertraut. Wie viele von Victors Schätzen gewinnt dieses Stück, aus dem gewohnten Kontext gerissen, eine völlig neue Identität. Vor dem Treppenabgang steht eine bunt zusammengewürfelte Sitzgruppe: ein Elefantensattel, ein afrikanischer Schemel und ein Adirondack-Schaukelstuhl, den Victor von Kuba hierher transportieren ließ.*

RECHTS *Im Wohnraum dienen zwei verwitterte Metalltischchen mit grazilen Strebenfüßen (beide aus Frankreich) als Ausstellungsfläche für verschiedene Artefakte. Dieses Arrangement umfasst eine mit Pergament bespannte Lampe des auf Ibizia ansässigen Künstlers Marcelo, ein brasilianisches Modellboot, eine Kugelglasflasche sowie eine dekorativ verzierte Holzdose aus Indonesien. Obwohl die alten Schwarzweiß-Fotografien (Indianer und ein früher Blick auf die Wall Street) rein gar nichts mit darunter aufgestellten tunesischen Tongefäßen gemein haben, erscheint in diesem Raum doch nichts deplatziert.*

GEGENÜBER *Diese Sammlung ausgefallener Kerzenleuchter wirft – wie Museumsexponate – Fragen über ihren unterschiedlichen Verwendungszweck auf. Die moderne Bastlampe von Emiliano bringt ein ironisches Element in das Ensemble.*

LINKS *Von dem durch Dachfenster erhellten Wohnraum führen zwei große Glasflügeltüren zu der West-Terrasse, die einen Teil der malerischen Altstadt von Eivissa überblickt. Die Aussicht wird von einer weißen Brüstung und ebenfalls gekalkten, rau verputzten Wandvorsprüngen umrahmt. Victor hat diesen Ort der Ruhe mit weiß gestrichenen Rattanstühlen und einer rustikalen Tischbank möbliert. Grünpflanzen in Terrakottatöpfen sorgen für Farbe, und an der Wand hängt eine alte Zinkwanne, die gelegentlich noch benutzt wird.*

LINKS *In der Küche hat Victor auf die originale Stein-Rückwand eine alte Messingarmatur montiert, die er aus einem Abrisshaus retten konnte. Die beiden Spülbecken sind zwar neu, aber nach traditioneller Vorlage gefertigt.*

RECHTS *Zwei winzige »Taubenschlag«-Fenster unter der Küchendecke halten die Erinnerung an die maurische Tradition der Inselarchitektur wach. Wie in der restlichen Wohnung blieben auch in der Küche die Wände schmucklos weiß gekalkt; die einzige Dekoration bildet Victors Sammlung alter Terrakotta-Gefäße. Auf dem Tisch steht ein tunesischer »tajine«-Topf, auf dem Wandbord darüber sind ibizenkische »ánforas« zu bewundern. Die Wandborde und Alkoven wurden traditionell weiß gegipst, was ihnen eine Plastizität verleiht, die üblichen Küchenmöbeln fehlt. Eine mittelmeerblaue Arbeitsfläche, gekachelter Boden und inseltypische Stühle runden das Bild ab.*

AUS DEM FUNDUS DER NATUR

OBEN *Die charakteristischen Würfelformen und Terrassen einer ibizenkischen Finca verweisen auf den Einfluß der Mauren, die vom 8. bis zum 13. Jahrhundert die Geschicke der Insel bestimmten.*

LINKS *Die Brüstung dieser zu einem Schlafzimmer gehörenden Dachterrasse erhielt anstelle des üblichen Weiß einen Anstrich in »Azul de Montserrat« genanntem Blau. Verwitterte Holztüren und ein Stuhl ergänzen den ländlichen Charme der Can Casa Llarga.*

Das hell strahlende Profil der Can Casa Llarga hebt sich in klarem Weiß von dem baumgrünen Hintergrund der Landschaft um das Dorf Santa Gertrudis ab. Die inseltypisch abgerundeten Konturen der Finca verleihen dem kubischen Bau eine fast organische Gestalt. Flachdächer und Terrassen mit obeliskartigen Pfosten tragen eine simple Lattenholzpergola. Niedere Türöffnungen und gedrungene, durch dicke Mauern spähende Fenster sind die einzigen Dunkelformen der weißen Fassade, und ein einfaches Gartentor aus sonnengebleichtem Holz führt zu dem kleinen Patio.

Der aus Barcelona stammende Luis hat das ländliche Ibiza vor vielen Jahren kennen und lieben gelernt und wohnt seit nunmehr 15 Jahren in der Can Casa Llarga. Sein Interesse gilt vor allem den heilkräftigen Wildpflanzen der Insel, und an den alten Balken der Diele seines Hauses hängen stets jede Menge Blumen und Kräuter zum Trocknen. Doch die Botanik ist nur Teil der Wertschätzung, die er den natür lichen Ressourcen der Insel entgegenbringt; so beziehen sämtliche Elektrogeräte seines Haushalts ihren Strom aus riesigen (unter den Einbausofas versteckten) Zwölf-Volt-Batterien, die von Sonnenkollektoren gespeist werden.

Um seine Eingriffe in das gewachsene Ambiente auf ein Minimum zu beschränken, hat Luis auch den Grundriß der Finca kaum verändert. Wo jedoch moderne Umbauten nötig wurden – in Bad und Küche etwa –, hat er diese mit kräftigen Farben unterstrichen. Im restlichen Haus fällt seine Begeisterung fur leuchtende Töne in Form bunter Ethnoteppiche und -kissenbezüge ins Auge. Überhaupt lässt sich das Interieur seines Hauses in kein konventionelles Schema einordnen: Die Ausstattung passt sich vielmehr den vielfältigen, ständig im Wachsen begriffenen Interessen des Hausherrn an.

Scheinbar planlos verteilt, schmücken ethnische Skulpturen und Arbeiten befreundeter Künstler die Räume, und auch das Mobiliar wirkt wie eine zufällige Kombination aus modernen Stücken lokaler Handwerker und den simpelsten ibizenkischen Tischen und Stühlen.

Eigenwillige und ungekünstelte Ideen dominieren bei der Dekoration des Hauses, das jedem Besucher offenbart, welche Aufgeschlossenheit, welches Einfühlungsvermögen und welchen Respekt sein Besitzer der Insel entgegenbringt und welche Inspiration er aus ihren natürlichen Schätzen schöpft.

LINKS *Trotz des blaugrauen Anstrichs bleiben Astlöcher und natürliche Maserung des Holzes der aus groben Planken gezimmerten Tür vollständig sichtbar. Dahinter liegt das Wohnzimmer; das Ölgemälde stammt von einem Japaner, der in den 30er Jahren auf Ibiza lebte und arbeitete. Den Schreibtisch fertigte ein befreundeter Ibizenko für Luis, daneben erstreckt sich das mit leuchtenden Kissen geschmückte Einbausofa. Die alte Öllampe wird noch regelmäßig benutzt.*

RECHTS *An Grundriss und Bauweise der alten Finca wurde bewusst nur das Notwendigste verändert. So behielt auch der traditionelle »hogar«, die Feuerstelle, ihren großen, glockenförmigen »xemeneias«, dessen unterer, von Balken umschlossener quadratischer Teil hier sichtbar ist. Zu den wenigen Modernisierungen zählen der kupferne Abzug und der Einbau von Oberlichtern in das Flachdach, die dem einst düsteren Raum freundliche Helligkeit schenken.*

OBEN *Den dekorativen Charme ganz banaler Gegenstände ausnutzend, hat Annick alte Salat-Drahtkörbe wie Luftballons zusammengebunden.*

LINKS *Der kleine Raum neben den Schlafzimmern ist mit einem vernickelten Rasiertischchen, einem rustikalen Holzschrank vom Marché aux Puces in Paris und einem Sofa aus der Zeit Napoleons III. möbliert, dessen Kissen und Polster unterschiedlich gestreifte Bezüge tragen.*

Jean und Annick entdeckten Ibiza Anfang der 70er Jahre während ihrer Hochzeitsreise. Beide verliebten sich auf Anhieb in die Insel und kamen von nun an Sommer für Sommer. Jedes Jahr mieteten sie ein anderes Haus und lernten so die Insel von Grund auf kennen. Bald reifte der Entschluss, ein eigenes Feriendomizil zu kaufen, und als man ihnen Sa Font Blanca anbot, ein völlig heruntergekommenes Bauernhaus in der Nähe von San Jose, griffen sie zu und erklärten es zu ihrem »Traumhaus«.

Sa Font Blanca liegt an einem Hang und überblickt das Tal von Benimussa mit seinen Mandelbaumplantagen und Olivenhainen. Fast vier Jahre lang investierten Jean und Annick jede freie Minute in die Renovierung des Hauses. Stets eingedenk der Tatsache, dass es sich ursprünglich um eine *casa de labranza*, ein einfaches Gehöft, handelte, verwendeten sie traditionelle Baumaterialien wie das ibizenkische Hartholz *sabina* und errichteten die Wände aus Naturstein, so dass sich die Fassade heute kaum von inseltypischen Gebäuden unterscheidet. Auf Pariser Flohmärkten und bei ungezählten Trödlern auf dem Land erwarben sie eiserne Bettgestelle, Kommoden, Schränke und Haushaltsutensilien, die sie dann auf ihr Auto luden und mit der Fähre nach Ibiza brachten. Was sie in Frankreich nicht fanden, kauften sie auf der Insel.

Die Ausstattung von Sa Font Blanca spiegelt die gelungene Verquickung von zwei gänzlich verschiedenen Sammlernaturen wider: die von Jean, der in Paris ein Kunst- und Antiquitätengeschäft betreibt, und die von Annick, die ein Faible für triviale Gebrauchsgegenstände, z. B. altmodische Küchenutensilien, hat. Dieser spannenden Synthese verdanken die Räume von Sa Font Blanca kontrastreichen Komfort. Die Möbel selbst sind vorwiegend 19. oder frühes 20. Jahrhundert, versetzt mit Stücken im Stil des Art déco und einer anregenden Mixtur aus Ornamenten, Textilien, Keramiken und Körben. Schmiedeeiserne Armstühle, Tische und Sofas für drinnen und draußen erhielten einladende Polster mit ganz unterschiedlich gestreiften Baumwollstoffen.

Im Winter und Frühjahr kommen Jean und Annick besonders gerne: Dann zeigt sich die Landschaft in ihrer vollen Schönheit, und die Abende sind kühl genug, um sie gemütlich am offenen Feuer zu verbringen. Die Sommermonate über bevölkern Freunde und Kinder das Haus, und zu den Mahlzeiten versammelt sich alles um den großen Tisch auf der Terrasse.

OBEN *Die metallene Hakenleiste stammt aus einer alten Metzgerei. Heute hängt sie in der Küche und dient u. a. als Halterung für verschiedene Drahtkörbe, in denen Zwiebeln, Knoblauchknollen und Kartoffeln luftig aufbewahrt werden. Ein geflochtener Stierkopf wacht über diesem bunten Sammelsurium von Metallobjekten und Gemüsen, die sich äußerst dekorativ von der weiß gekalkten Wand abheben.*

LINKS *Durch geschmackvolle Kombination französischer, inseltypischer und marokkanischer Elemente hat Annick einen einladenden Raum geschaffen. Schränkchen und Schubladen sind in die traditionell fest eingebaute Küchenzeile integriert, auf der großen, freien Arbeitsfläche finden nützliche und dekorative Stücke von französischen Land-Flohmärkten und marokkanische Keramiken Platz. Mit den schmiedeeisernen Gartenmöbeln (Frankreich, 19. Jahrhundert) kommt Sommerstimmung in die Küche.*

RECHTS *Eine kleine, bunt glasierte Tontafel – Musterstück einer marokkanischen Keramikschule – erhielt eine eigene Nische mit aufgemaltem ockergelben »Rahmen«.*

LINKS *Im Winter-Wohnraum gruppiert sich alles um den schlichten, eleganten Kamin, dessen glatte, gerade Formen einen augenfälligen Blickfang bilden. Ein schmiedeeisernes Ruhebett (19. Jahrhundert) dient als Sofa. Wie viele andere Möbelstücke in Sa Font Blanca kommt es ursprünglich aus Frankreich. Gegenüber liegen marokkanische Sitzkissen auf einem rohen Holzpodest, der englische Kiefernholz-Stuhl mit Hocker wurde abgebeizt und erhielt weiße Baumwollpolster. Geflochtene Schilfmatten bedecken den Steinfußboden, und die ockergelbe Umrandung von Fenster und Nische greift wirkungsvoll die warmen Erdfarben der Berber-Keramiken auf.*

LINKS *Vor der inseltypischen Natursteinmauer von Sa Font Blanca lädt ein mit jeder Menge Polster und Kissen bestücktes französisches Eisenbett zur schattigen Siesta.*

UNTEN *Kulinarische Farben der Mittelmeerküche: Paprika, Tomaten und Zucchini bilden die Basis für Annicks schmackhafte Ratatouilles.*

RECHTS *Ein knorriger Stamm des örtlichen Hartholzes »sabina«, aus dem seit Jahrhunderten Türen und Oberschwellen ibizenkischer Häuser gefertigt werden, trägt die Beschattung der Schlafzimmerterrasse. Den alten Korbstuhl und den Metalltisch – wie überhaupt das meiste Mobiliar – haben Jean und Annick aus Frankreich mitgebracht.*

RECHTS *Die homogenen Formen und organischen Farben und Muster der afrikanischen Flechtkörbe und -schalen täuschen über ihre profane Funktion als Aufbewahrungsort von allerlei Krimskrams hinweg. Im Hintergrund bildet der von einem Pariser Flohmarkt stammende opulent vergoldete Spiegel einen harmonischen Kontrast zu der ansonten bewusst schmucklos-schlicht gehaltenen Einrichtung des Badezimmers. Das Waschbecken wurde von einem einheimischen Handwerker aus dem Dorf Jesus gefertigt: Es wirkt wie Marmor, ist jedoch gegossen. Darunter steht ein modernes Schränkchen mit traditionellen Holzgittertüren, die ständige Luftzirkulation erlauben. Die alte Tür im Vordergrund hingegen erfüllt heute primär dekorative Zwecke.*

LINKS *In einer Ecke des Schlafraums setzen üppig bestickte Taschen aus Indien dekorative Akzente. Vielfältige Knöpfe, winzige Spiegel, Muscheln und Quasten bringen exotische Farben ins Spiel. Auf dem Tischchen stehen ein syrischer Bilderrahmen und ein Flechtkorb mit allerlei Ethno-Schmuck aus Schwarzafrika, dem Maghreb, der Türkei, Indien und Pakistan. Resultat von Annicks Sammelleidenschaft, die vor kaum etwas Halt macht, ist ein Haus voller Dinge, die allein durch ihre extravagante Zusammenstellung reizvolle Wirkung entfalten. Dass diese Objekte so dekorativ zur Geltung kommen, hängt nicht zuletzt mit der Schlichtheit der weiß gekalkten Wände zusammen, vor denen sie vereinzelte kräftige Farbtupfer setzen.*

STAMMESFARBEN

OBEN *Eine freitragende Treppe im Innenhof spendet dem marokkanischen Diwan Schatten. Das antike Teeservice entdeckte Karel auf einem Bazar in Marrakesch.*

LINKS *Das leuchtende Mittelmeerblau der Hauswand, die kräftig grüne Tür und rustikale Möbel lassen augenblicklich Ferienstimmung aufkommen. Gegen die allzu intensive Sonne bietet ein Schilfdach sommerlichen Schutz.*

Leuchtende, kräftige Farben einer ständig wechselnden Palette verleihen Karel Fonteynes Haus bei Alaior, im Inselinneren Menorcas, ein fast exotisches Flair. La Tortuga ist nicht nur sein Zuhause, sondern auch ein kleines Gästehaus, dessen Grundriss und Ausstattung die geniale Kreativität seines Besitzers spiegelen.

Als Fotograf und Art Director hat Karel tagtäglich mit Bildern und visuellen Effekten zu tun. In La Tortuga verbindet sich dieses professionelle Wissen und sein Gespür für auffällige Farben mit all jenen Eindrücken (und Besitztümern), die er auf vielen und weiten Reisen gesammelt hat.

Die Fassade des Hauses präsentiert sich in einem leuchtenden Himmelblau, das von dem üblichen Kalkweiß der menorquinischen Fincas auffällig abweicht. Doch dies ist nur die erste von vielfältigen Überraschungen, die den Besucher im Inneren erwarten, wo sich eine Folge kräftiger Farbtöne entfaltet – von Indigoblau über Violett, Pistazien- und Olivgrün bis hin zu Zitronengelb und Orangerot.

In den vergangenen Jahren hat Karel sein Haus ständig umgebaut und erweitert und dabei eine Reihe von Gästezimmern geschaffen, von denen jedes über ein eigenes Bad und einen separaten Eingang verfügt. Bei der Dekorierung dieser Räume versuchte Karel, via Farbe die Atmosphäre verschiedener Orte wiederzugeben, die er bereist hat – und die Wirkung ist verblüffend. Im sogenannten Afrikanischen Zimmer etwa kombinierte er Ziegelrot mit olivgrünen Wänden und einer maisgelben Tagesdecke, und diese Farben alter Stammeskunst rufen authentische Bilder wach. Afrikanische Ornamente und Möbel runden den Eindruck ab, doch das Geheimnis des Erfolgs sind sicherlich die Farben.

In sämtlichen Wohnräumen und in der Bibliothek begegnet man einer im wahrsten Sinne des Wortes bunten Mischung von Artefakten und *objets trouvés* aus Afrika und dem gesamten Mittelmeerraum, und die Gegenüberstellung von Ornamenten und Möbeln wirkt zuweilen nicht weniger dramatisch als die ungewöhnlichen, gewagten Farbkombinationen. An den Wänden, auf Tischen und sogar Stühlen finden sich gerahmte Fotografien, die zum Teil Karels Buch über Afrika, *Schwarze Erde*, entnommen sind.

In der geräumigen, gelb getünchten Küche, die ihr Licht durch ein Dachfenster erhält, komponiert Karel für seine Freunde wunderbare Mahlzeiten aus den Aromen Mexikos, Indiens und des Fernen Ostens, die anschließend im Schatten alter Feigenbäume serviert werden.

LINKS *Die Wände des Wohnzimmers zeigen ein unebenmäßiges Blassviolett. Kühlblaue Kacheln bilden den Boden; Möbel und Fensterrahmen sind durch dasselbe strahlende Weiß auf interessante Weise verknüpft. Vor der Kulisse dieser fremdartigen Farbgebung präsentiert sich das Mobiliar teils manieristisch-verspielt, teils in sparsam-klaren Formen: Eine geschwungene Kommode mit Schnörkeln und reich verzierten Griffen steht neben einer Polsterbank und schlichten Sesseln.*

RECHTS *Niemals ist das Meer weit entfernt: Im Wohnraum füllen Seesterne und Muscheln – selbst gesammelt an den Stränden Mexikos und der Mittelmeerländer – eine raumhohe Vitrine. Auf der langen Anrichte stehen muschelbesetzte Kästchen und Bilderrahmen neben einer Schiffslaterne, die Karels belgischem Großvater gehörte, der als Kapitän zur See fuhr. Den zum Tisch umfunktionierten Überseekoffer erbte er von einer Großtante, die ihren Unterhalt als Gouvernante auf Ozeanriesen bestritt. Und neben einem an die Wand gelehnten Ruder hängt ein Stück Treibholz als »Fundbild«.*

B.D.M

LINKS *Am Strand angeschwemmte alte Schuhe sind ein fast alltäglicher Anblick. Wie Muscheln gesammelt, aufgereiht und als Deko-Objekte über der Feuerstelle platziert, erhalten sie jedoch völlig neue Identität – als eine von vielen überraschenden »Kompositionen« in La Tortuga, die ihre Existenz ausschließlich Karels Blick für Strukturen, Farbe und Theatralik verdanken. In diesem Umfeld gewinnen selbst verwitterte, ausgetretene »Schuh-Waisen« einen faszinierenden, wenn auch höchst unkonventionellen Dekorationswert.*

RECHTS *Der offene Kamin der Bibliothek hebt sich durch den pistaziengrünen Anstrich von den indigoblauen Wänden ab. Die beiden Schwarzweiß-Fotografien sind Aufnahmen von Karel; die links an die Wand gelehnte hat er in seinen Bildband über Afrika aufgenommen. In La Tortuga finden regelmäßig Ausstellungen zeitgenössischer, auf Menorca ansässiger Fotografen, Maler und Bildhauer statt. Der Stuhl vor dem Kamin ist ein moderner (schwedischer) Klassiker aus den 70er Jahren.*

LINKS *Blick aus dem Afrikanischen Zimmer mit seinen olivgrünen Wänden ins angrenzende Bad, das in einem warmen Ziegelrot gestrichen wurde. Im Zusammenspiel mit dem aus einem hohlen Baumstamm gefertigten Waschbeckensockel rufen die Farben authentische Bilder des Schwarzen Kontinents wach. Das Becken selbst besteht aus menorquinischem »piedra mares«, dessen matt geschliffene Oberfläche mit den eleganten Chromarmaturen kontrastiert.*

RECHTS OBEN *Das Bett im Afrikanischen Zimmer besteht aus rohen Holzbalken, die Karel während des Umbaus aus der alten Finca rettete. In der maisgelben Tagesdecke setzt sich das Thema des Raumes fort. Die menorquinischen Zementfliesen zeigen ein blasses Safrangelb, die Wand hinter dem Bett erhielt einen mattschwarzen Anstrich. Die Hörner auf dem erhöhten Regalbrett hat Karel alle auf den Feldern rund um die Finca gefunden.*

RECHTS UNTEN *Neben dem menorquinischen Stuhl aus Olivenholz sticht eine handbemalte afrikanische Tischdecke ins Auge.*

RECHTS *Als gelber Block mit Rautenmuster ragt die Duschwand in das blaue Badezimmer der sogenannten Harlekin-Suite. Im selben Violettblau wie die Wände, wirkt das Dessin wie auf Stoff gedruckt. Ein leuchtend gelb lackierter Fensterrahmen und eine Vase mit Wiesenblumen sind weitere Farbtupfer. Das Waschbecken besteht aus »piedra mares«.*

GEGENÜBER *Im Harlekin-Zimmer selbst hat Karel türkisblaue Möbel vor senfgelbe Wände gestellt, den Boden dominieren im Schachbrettmuster verlegte Fliesen. Die in kontrastfarbigem Grün getünchte ehemalige Türöffnung beherbergt jetzt einen ockergelben Polstersessel. An der Wand hängt ein Selbstporträt von Karels Schwester Helda Fonteyne; der venezianische Kristalllüster soll an den berühmten Karneval der Lagunenstadt erinnern.*

GAUDÍ UND ASTERIX

OBEN *Der Küchenbereich nimmt eine Seite des Wohnraums ein. Im ganzen Haus hat Drew alte Balken aus »sabina-« oder Wacholderholz benutzt und über der Feuerstelle einen traditionellen balearischen Brotofen eingebaut.*

LINKS *Drew hat das Haus Stein um Stein eigenhändig errichtet. Die gekrümmten Wände, die Feuerstelle und die organische Form des steinernen Sofas gehen auf Gaudí und Drews zweites großes Vorbild zurück – den Comic-Helden Asterix.*

Beim Entwurf zu Drew Gladstones Haus, das er Stein für Stein eigenhändig erbaut hat, standen zwei bekannte Persönlichkeiten Pate: der große spanische Architekt Gaudí – und Asterix der Gallier. Aus dieser höchst ungewöhnlichen Kombination resultiert ein herrlich verschrobener Bau, der gleichsam aus der felsigen Landschaft Formenteras gewachsen scheint.

Stets von Piraten bedroht, war diese kleinste und flachste Baleareninsel jahrhundertelang nur spärlich besiedelt, und noch in den 50er Jahren übertraf die Zahl der Tagesausflügler aus Ibiza die der einheimischen Bevölkerung. Als Drew Gladstone vor nunmehr dreißig Jahren erstmals nach Formentera kam, gab es kaum Häuser und keine einzige Straße. Für sein Haus wählte er einen der höchsten Punkte der Insel (auch dieser freilich nur wenige hundert Meter über dem Meeresspiegel), der ihm freien Blick auf Sa Mola am anderen Ende der Insel sowie eine Panoramaaussicht über das ganze Kap bot.

Als erster Teil seines Hauses entstand ein höhlenähnlicher Wohnraum mit frei liegenden Natursteinmauern und scheinbar willkürlich positionierten kleinen Fenstern. Etwas Licht fällt freilich auch durch eine Öffnung im Obergeschoss ein, das normale Fenster besitzt. Überall fanden Feldsteine Verwendung: als Fußboden, für Wände und Feuerstelle. Dominierendes Möbelstück im Wohnzimmer ist die kissengepolsterte Bank – eine einladend geformte Gesteinsmulde, Teil des Felsens, auf dem das Haus erbaut ist.

Von Anfang an achtete Drew streng darauf, Eingriffe in die gewachsene Natur auf das absolut nötige Mindestmaß zu beschränken. Stolz weist er darauf hin, dass für sein Heim kein einziger Baum fallen musste: sämtliche Balken stammen aus anderen, abbruchreifen Gebäuden. Um auch die Landschaft nicht zu verunzieren, entschied er sich für Mauern aus Feldstein. Im Laufe der Jahre und Jahrzehnte ist Drews Haus langsam Raum um Raum gewachsen – heute umfasst es sieben Zimmer. Beheizt wird es durch zwei Feuerstellen, eine im Wohnraum und eine weitere im Küchenbereich, der als einziger Teil des Hauses weiß verputzte *calç*-Wände erhielt. In den kälteren Monaten dient ein Holzofen als zusätzliche Wärmequelle; aus Gründen des Umweltschutzes wird alle Elektrizität aus Sonnenenergie gewonnen.

Drews behagliches Haus entspricht beispielhaft der Landschaft, ist Ausdruck einer engen Beziehung zur Insel, deren Charakter und Eigenarten es mit jedem Detail huldigt.

LICHT-SPIELE

OBEN *Dem traditionellen Baustil gemäß über mehrere Ebenen verteilt, bieten die weiß gekalkten Würfel ein wechselvolles Spiel zwischen Licht und Schatten. Der Alkoven im Vordergrund gehört zur Sonnenterrasse und beherbergt eine Dusche.*

LINKS *Der offene Kamin in dem hohen, großzügig gestalteten Wohnbereich ist nach drei Seiten hin offen und – den Proportionen des Raumes entsprechend – größer als gewöhnlich.*

Freunde balearischer Lebensart finden auf Formentera eine Abgeschiedenheit und Ruhe, die Welten vom hektischen Urlaubertrubel der Nachbarinsel entfernt scheint. Als der Eigentümer dieses Hauses 1958 das erste Mal nach Ibiza kam, gab es dort nur wenige Autos und noch weniger Straßen. Formentera aber wirkte selbst dagegen noch ursprünglich. Nachdem immer mehr sonnenhungrige Nord- und Mitteleuropäer nach Ibiza strömten, bot sich dieses kleine, südlich gelegene Eiland als ideale Zuflucht für den Pariser Geschäftsmann an, der hier jedes Jahr gute vier Monate zubringt.

Anstatt ein altes Gebäude zu modifizieren, entschied er sich für einen Neubau – keine zehn Meter vom Strand entfernt. Aufgrund häufiger Piratenüberfälle hätte sich früher kein Inselbewohner so nah an die Küste gewagt. 1970 begonnen, war der Bau 1974 bezugsfertig, brauchte jedoch noch weitere zehn Jahre, um sein heutiges Aussehen zu erhalten. In Anlehnung an die inseltypische Architektur besteht der Bau aus einer Reihe heller Würfel, die über mehrere Ebenen ineinander verschachtelt liegen und durch kurze Freitreppen verbunden sind. Flachdächer, rundkantige Ecken, massive Brüstungen und abgesetzte Tür- und Fensteröffnungen erinnern an das arabische Erbe. All diese Elemente sind überzeugend in das moderne Gesamtkonzept integriert. Wo das Haus von der Tradition abweicht – in der Farbgebung einiger Außenwände etwa und in den riesigen Panoramafenstern zur Meerseite hin –, geschieht dies auf einfühlsame Weise. Gerade die extrem lang gezogene Fensterfront, die jede Menge Licht einfluten lässt und dem Hausherrn nicht nur eine prachtvolle Aussicht, sondern, wie er selbst sagt, auch viel »Energie« spendet, wird nicht als störend empfunden.

Auch im Inneren dominieren Naturbaustoffe, jedoch ohne rustikale Schwere und Melancholie. Es herrscht vielmehr eine lichte Geräumigkeit, mit bedingt durch das hohe Dach und die klaren Linien der (entgegen der Inseltradition) glatten Balken. In dem riesigen Wohnraum setzt das Weiß des Kamins einen deutlichen Kontrapunkt zu den Natursteinmauern der Wände. Aus Gründen des Umweltschutzes bezieht das Haus seinen Strom aus Sonnenkollektoren, kostbares Regenwasser wird aufgefangen und in eine Zisterne geleitet. Der Bau genügt in jeglicher Hinsicht modernsten Ansprüchen, und dennoch respektiert er den Kontext der Insellandschaft, in deren Bild er sich auch wunderbar einfügt.

OBEN *Im Großen und Ganzen beschränken sich Deko-Objekte auf ein Minimum – kein Wunder in einem Haus, das durch das Meer ein immerwährendes Schauspiel wechselnder Eindrücke genießt. Hier jedoch hängt ein Stückchen Treibholz an der Schlafzimmerwand, dessen zarte Verästelungen das Sonnenlicht einfangen.*

RECHTS *An Deckenbalken befestigt, lädt im Wohnraum eine Hängematte zu besinnlich-beschaulichen Stunden ein – mit herrlichem Meeresblick durch die riesigen Panoramafenster. Gelegentliches leichtes Ziehen an einer Schnur sorgt für gerade das richtige Maß an Schaukelbewegungen. Wenn die Sonne tiefer steht, werden die leichten Baumwollvorhänge geschlossen, und im Winter spendet ein alter gusseiserner Ofen behagliche Wärme.*

UNTEN *Für die Wände dieses Schlafraumes wählte der Hausherr ein tiefes Mitternachtsblau, das tatsächlich optische Ruhe ausstrahlt. Unter dem schützenden Schleier des Moskitonetzes liegend, wiegt das leise Rauschen des Meeres, das gleich vor dem Fenster liegt, den Ruhesuchenden sanft in den Schlaf.*

KLEINER BALEAREN-FÜHRER

Dieses Buch ist kein Reiseführer, und die nachfolgend aufgeführten Adressen erheben keinerlei Anspruch darauf, Hotels, Restaurants, Geschäfte und Sehenswürdigkeiten der Balearen vollständig aufzulisten. Sie stellen vielmehr kurze Aufzeichnungen der Autoren über Orte und Plätze dar, die in den Kontext dieses Buches passen. Die meisten Hotels und Restaurants gehören zur mittleren Preiskategorie. Taucht in der Beschreibung der Begriff »Luxus«, »exklusiv« oder Ähnliches auf, deutet dies allerdings auf ein entsprechend höheres Preisniveau.

Zu den Telefonnummern: Die Landesvorwahl für Spanien ist 0034, die Ortsnetzkennzahl der Balearen 971. Die letztgenannten drei Ziffern müssen immer vor den sechsstelligen Nummern gewählt werden, auch bei Gesprächen innerhalb der Balearischen Inseln.

MALLORCA

Hotels

Finca Can N'Ai
Cami de Son Puça 50, Sóller
Tel. 971 63 24 94 Fax 971 63 18 99
Kleines Hotel in einer alten *Finca* mit hübschem Restaurant inmitten von Orangenhainen.

Gran Hotel Son Net
Puigpunyent
Tel. 971 14 70 00 Fax 971 14 70 01
Historisches Herrenhaus in einem Gebirgsdorf, das heute ein kleines 5-Sterne-Hotel (15 Zimmer) beherbergt.

Hostal Baronia
c/Baronia 16, Banyalbufar
Tel./Fax 971 61 81 46
Kleine Häusergruppe mitten in der gewachsenen Insellandschaft. Vom Restaurant auf der Terrasse genießt man einen herrlichen Blick.

Hostal Borne
c/Sant Jaume 3, Palma
Tel./Fax 971 71 86 18
Traditionelles Hotel aus der Zeit der Jahrhundertwende. Kürzlich komplett renoviert.

Hotel Costa d'Or
Lluc Alcari, Nähe Deià
Tel. 971 63 90 25 Fax 971 63 93 47
Bescheidenes Hotel im Dorf Lluc Alcari, in herrlicher Lage hoch auf den Meeresklippen.

Hotel Es Moli
Deià
Tel. 971 63 90 00 Fax 971 63 93 33
Großes Hotel auf den Terrassen kurz vor dem Ortsrand von Deià. Vom Pool bietet sich eine wunderbare Aussicht.

Hotel d'Es Puig
Es Puig 4, Deià
Tel. 971 63 94 09
Kleines Hotel an einem Hügel im Herzen des Dorfes. Es gibt nur 8 Zimmer, 2 davon mit Terrasse, und einen kleinen Pool.

Hotel Formentor
Bucht von Portugal
Tel. 971 89 91 00 Fax 971 86 51 55
In den 30er Jahren errichtetes Grandhotel mit glitzernder Vergangenheit: Viele gekrönte Häupter und Filmstars stiegen hier ab.

Hotel Hermitage
Ctra. Alaró a Bunyola, Orient
Tel. 971 18 03 03 Fax 971 18 04 11
Eine Oase der Ruhe in einem beschaulichen Tal unweit des malerischen Dorfes Orient.

Hotel La Residencia
Deià
Tel. 971 63 90 11 Fax 971 63 93 70
Luxushotel in atemberaubender Lage in der bekannten Künstlerkolonie. Zu der Nobelherberge gehören 63 Zimmer, 4 Swimmingpools, Tennisplätze und 2 Restaurants.

Hotel San Lorenzo
c/San Lorenzo 14, Palma
Tel. 971 72 82 00 Fax 971 71 19 01
Inseltypisches Stadthaus, das zu einem winzigen, aber komfortablen Hotel mit nur 6 Zimmern umgewandelt wurde.

Palacio Ca Sa Galesa
c/Miramar 8, Palma
Tel. 971 71 54 00 Fax 971 72 15 79
Der *Palacio* aus dem 17. Jahrhundert beherbergt ein luxuriöses »Hotel garni«. Mit Dachterrasse und »römischem Bad« in den Kellergewölben.

Pension Playa
Cala Santanyí
Tel. 971 65 41 02
Ansprechende Pension am Strand abseits der Touristenmassen.

Pension Villa Verde
c/Ramón Llull 19, Deià
Tel./Fax 971 63 90 37
Preiswerte Pension. Von der Terrasse reicht der Blick weit über das Tal.

Read' s Hotel
nahe Santa Maria
Tel. 971 14 02 62 Fax 971 14 07 62
Exklusives Hotel mit britischem Flair in einer wunderschön restaurierten alten *Finca*.

Reserva Rotana
Cami de S'Avall, Manacor
Tel. 971 84 56 85 Fax 971 55 52 58
Zu einem eleganten Hotel umgebaute, sehr schöne *Finca*. Es gibt 22 Zimmer, einen privaten Golfplatz und Tennisplätze.

Vistamar
Ctra. Valldemossa a Andratx, Valldemossa
Tel. 971 63 23 00 Fax 971 61 25 83
Prachtvolle *Finca* auf dem Lande, umgeben von einem Park und mit herrlichem Meeresblick.

Restaurants, Cafés und Bars

Abacanto
Cami Nou, Sa Indioleria, Palma
Tel. 971 43 06 24
Eine weitere Nachtbar der Begründer des Abaco (siehe unten).

Abaco
c/Sant Joan, Palma
Tel. 971 71 49 39
Ziehen Sie sich nobel an für einen Besuch in dieser wunderbar dekadenten Bar in einem alten *Palacio*, die man allerdings erst sehr spät abends besucht. Klassische Musik ertönt in voller Lautstärke, und um Mitternacht schneien Rosenblüten von der Decke.

Bens D'Avall
Urbanization Costa de Deià
a Sóller, Sóller
Tel. 971 63 23 81
Exzellentes Essen auf einer Terrasse mit Meeresblick.

Café d'es Case
Palau Sólleric, Passeig d'es Born 27, Palma
Künstlercafé in einem jüngst renovierten und neu dekorierten Gebäude, in dem auch Kunstausstellungen stattfinden.

Café Lirico
Avda. d'Antoni Mauri, Palma
Dieses Café ist eine Institution – seit Generationen treffen sich hier die Intellektuellen von Palma.

Café Parisien
c/Ciutat 18, Artà
Tel. 971 83 54 40
Einladende Bar/Restaurant mit hübschem Garten.

Can Antuna
Fornalutx
In diesem Restaurant servieren Jaime Bosquet und seine Familie wunderbare typisch mallorquinische Gerichte.

Can Costa
Ctra. Valldemossa a Deià
km 2,5, Valldemossa
Tel. 971 61 22 63
Klassische mallorquinische Küche in einem eleganten Speisesaal.
Bei warmem Wetter isst man auch sehr schön auf der Terrasse.

Can Toni Moreno
Ctra. Valldemossa a Andratx, Porto Es Canonge
Eigentlich ist das Dorf zu winzig für ein eigenes Restaurant, aber die Fahrt lohnt sich schon allein wegen des frischen Fisches. Probieren Sie die Spezialität *zarzuela* mit Hummer!

Celler Sa Premsa
Plaça Bisbe Berenguer de Palou 8, Palma
Gute preiswerte mallorquinische Küche in einem großen rustikalen »Keller«.

El Bungalow
Cuidad Jardin, Palma
Tel. 971 26 27 38
4 km außerhalb von Palma am Strand gelegenes Restaurant mit Paella und Fisch als Spezialitäten. Zauberhafter Blick über das nächtliche Palma.

El Café
Grand Hotel, Palma
Tel. 971 72 80 77
Elegantes modernes Restaurant in einem wunderschön restaurierten Belle-Époque-Gebäude.

El Olivo
Hotel La Residencia, Deià
Tel. 971 63 90 11
Haute Cuisine in dem ehemaligen Olivenpressraum der alten *Finca*, die das Herz des Luxushotels bildet.

El Pesquero
c/Moll de la Llotja, Palma
Tel. 971 71 52 20
Neben dieser modernen Bar flicken manchmal noch Fischer ihre Netze.

Es Poblet
nahe Castel d'Alaró, Alaró
Paletilla de cordero (Lammschulter) wird in riesigen Öfen über Olivenholz gegrillt. Bringen Sie herzhaften Appetit mit – und ein bergtüchtiges Auto. Die Fahrt über die kurvenreiche, schmale Straße bietet aber auch manch herrlichen Blick auf Palma.

Es Vergeret
Cala Tuent, Escorca
Vor Torrente de Pareis liegt dieses Restaurant mit einer Terrasse, die auf das Meer hinausreicht. Schon allein die stimmungsvolle Lage wird dafür sorgen, dass Sie später schwören, hier die beste Paella Ihres Lebens verzehrt zu haben.

Forn des Teàtre
Plaça Weyler 9, Palma
Hinter einer Jugendstilfassade liegt eine auf traditionelle mallorquinische *ensaimadas* spezialisierte *pâtisserie*.

Koldo Royo
Paseo Maritimo, Palma
Tel. 971 73 24 35
Exzellente internationale Küche in romantischem Ambiente mit Blick über die Bucht von Palma.

La Boveda
nahe Plaça de Sa Llonja, Palma
Traditionelle *Tapas*-Bar in wunderbarer Atmosphäre.

Parlament
c/Conquistador 11, Palma
Tel. 971 72 60 26
Altmodisches Restaurant mit Spezialitäten wie »Paella für Blinde« – mit Hühnchen und Kaninchen ohne Knochen.

Restaurant Can Jaume
c/Luis Salvador, Deià
Klassische mallorquinische Küche in schlichtem Ambiente. Die Schwestern Magdalena und Maria haben Generationen von Gästen bedient, darunter auch König Juan Carlos. Bei Einheimischen und Touristen gleichermaßen beliebt.

Restaurant Can Lluc
Cala Deià, Deià
Lucas Morell und seine Familie servieren frischen Fisch auf einer Terrasse in einer der schönsten Buchten Mallorcas.

Restaurant Pipistrella
c/Conceptió 34, Palma
Tel. 971 71 56 01
Restaurant mit wunderschöner Gewölbedecke und fantastischen Gemälden. Die Speisekarte des belgischen Chefkochs/Besitzers weist deutlich italienische Einflüsse auf.

Restaurant Plaça Cort
Plaça Cort 15, Palma
Tel. 971 71 86 28
Elegantes Restaurant mit internationaler Küche. Das von Antonio Obrador entworfene Lokal wartet mit einem prächtigen *Trompe-l'œil*-Deckengemälde auf, das dem Königspalast nachempfunden ist.

Restaurant Porto Pi
Avda. Joan Miró 174, Palma
Tel. 971 40 00 87
Stilvolles, hochgelobtes Lokal mit einfallsreicher, dabei aber eleganter Küche.

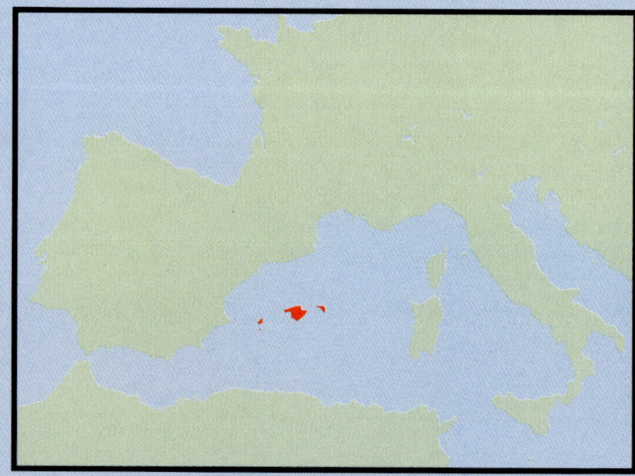

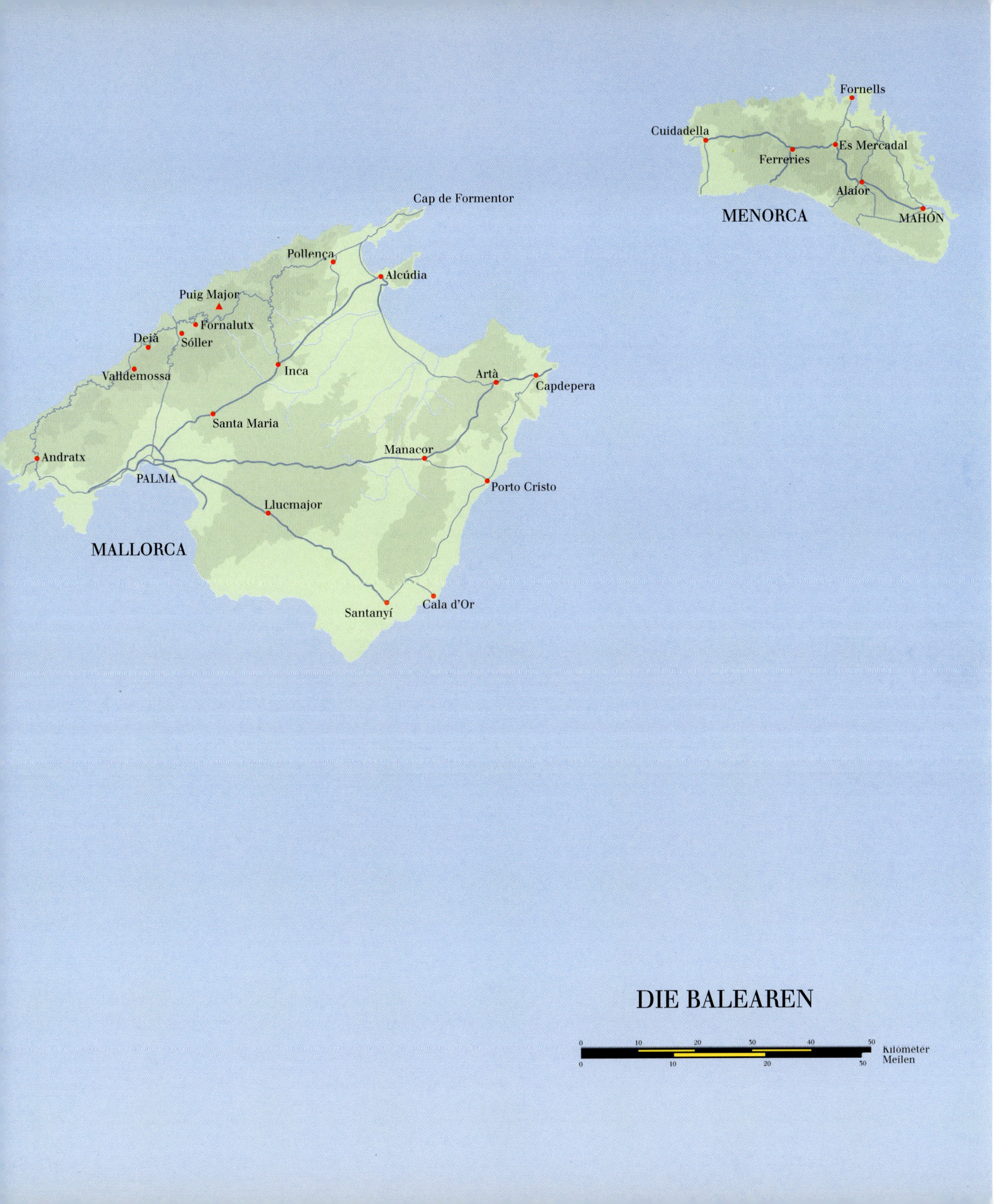

DIE BALEAREN
MALLORCA
MENORCA
Cap de Formentor
Pollença
Alcúdia
Puig Major
Fornalutx
Deià
Sóller
Valldemossa
Inca
Artà
Capdepera
Santa Maria
Andratx
PALMA
Manacor
Porto Cristo
Llucmajor
Santanyí
Cala d'Or
Fornells
Cuidadella
Ferreries
Es Mercadal
Alaior
MAHÓN
Kilometer
Meilen

Restaurant Vista Mar
Ctra. Valldemossa a Andratx, Valldemossa
Tel. 971 61 23 00
Der Speiseraum dieser alten *Finca* geht auf eine hübsche Terrasse. Bei einem Spaziergang durch den Park hat man eine herrliche Aussicht über Porto Valldemossa.

San Sebastian
c/Felipe Bauza, Deià
Tel. 971 63 94 17
Zauberhaftes Lokal, spezialisiert auf elegante mitteleuropäische Küche.

Sa Teulera
Ctra. Sóller a Lluc, Sóller
Tel. 971 63 11 11
Spezialität des Hauses ist *Lechona* (Spanferkel); allein schon die stimmungsvolle Atmosphäre lohnt einen Besuch.

Ses Porxeres
Ctra. Sóller a Palma, Bunyola
Tel. 971 63 37 92
Im Park von Alfabia gelegenes Restaurant mit traditionellen mallorquinischen Gerichten auf der Karte.

Son Moragues
Valldemossa
Tel. 971 61 61 11
Einst in Besitz des Erzherzogs Luis Salvador, bietet diese historische *Finca* heute entsprechend noble mallorquinische Küche.

Geschäfte

Almacén Gerards Decoration
c/Mosseu Galines 93, Sant Llorenç
Spezialisiert auf Möbel und Deko-Objekte, darunter aparte Natur-Mobiles und Perlschnurvorhänge von Conchi, deren Haus in diesem Buch vorgestellt wird.

Bujosa
c/Bernardo 53, Santa Maria
Tel. 971 62 00 54
Seit dem frühen 19. Jahrhundert stellt Generation auf Generation dieser Familie traditionelle mallorquinische Stoffe her.

Casa Rustica
Centre Ciutat, Santa Maria
Klassische mallorquinische und spanische Antiquitäten.

Coconut Company
Ctra. Palma a Artà, Manacor
Möbel und Deko-Objekte in vielen exotischen Stilen, Importe von den Philippinen, aus Thailand, Indien und Nordafrika.

Eclectica
c/Victoria 4, Palma
Wie der Name schon andeutet, findet der Besucher hier eine eklektische Mischung aller möglichen Objekte.

Encantes
c/Puigdorfila, Palma
Interessante Auswahl herrlicher Mitbringsel.

Estil Gothic
Palau Reial 10, Palma
Das Geschaft unweit der Kathedrale bietet eine Fülle klassisch mallorquinischer Einrichtungs- und Dekorationsgegenstände.

Islas
c/Luis Salvador, Deià
Kleidung und Deko-Objekte aus Bali, außerdem Kunsthandwerk ortsansässiger Künstler.

Nexus
c/Luis Salvador, Deià
Tel. 971 63 93 10
Außergewöhnliche Kleidungsstücke aus Lateinamerika und dem Fernen Osten.

Nino Tauro
Plaça Sa Llonja 6, Palma
Tel. 971 72 35 24
Einzigartige Auswahl an Papiermaché-Skulpturen ortsansässiger Künstler.

Son Pax
c/Peletera 13, Palma
Tel. 971 72 14 55
Möbel und Einrichtungsgegenstände im modernen mediterranen Stil, entworfen von Leif Ljungstrom und Agneta Cederlund (beide in diesem Buch vorgestellt) und gefertigt von mallorquinischen Kunsthandwerkern.

Valldemossa
Dieser berühmte Ort an der Westküste ist ein bekannter Touristenmagnet – wovon Sie sich aber nicht abschrecken lassen sollten. Einige der besseren Geschäfte führen herrliche traditionell mallorquinische Textilien, Keramiken, Glasobjekte und Korbwaren. Hier einige Namen: *Capamunta, Es Teix, Giravent, Jose Ripoll, Muza & Co.*

Vidrios de Gordiola
Ctra. Palma a Manacor km 19, Algaida
Mundgeblasene Glaswaren aus einem 1719 begründeten Familienbetrieb.

Designer

Denario
c/San Felio 17, Palma
Tel. 971 72 69 87
Designberater von Antonio Obrador, der drei der in diesem Buch vorgestellten Häuser ausgestattet hat.

Galerien und Museen

Galeria Max
Deià
Wechselausstellungen mit Gemälden und Skulpturen ortsansässiger Künstler.

Fundació Pilar i Joan Miró
c/Joan de Sardakis 29, Palma
Tel. 971 70 14 20
Ausstellungsstücke von Miró und anderen modernen spanischen Künstlern; Ausflüge zu Mirós Atelier.

Fundación Yannick y Ben Jakober
Sa Bassa Blanca, Mal Pas, Alcúdia
Tel. 971 54 67 78
Nach telefonischer Anmeldung können Gruppen diese private Kunstsammlung besichtigen.

Galeria Benasar
Pollença
Ausstellungen mit Werken zeitgenössischer Künstler.

Galeria D'Art - Joanna Kunstmann
Plaça de Canal 16, Santanyí
Zeitgenössische Kunst.

La Tafona
Hotel La Residencia, Deià
Wechselausstellungen (Dauer jeweils 2–3 Wochen) mit Werken ortsansässiger Künstler.

Palau Sólleric
Passeig d'es Born 27, Palma
Herrlicher *Palacio* mit Wechselausstellungen alter und zeitgenössischer Kunst.

Sala Pelaires
Pelaires 5, Palma
Arbeiten von Künstlern des 20. Jahrhunderts.

S'Estació
Sineu
Das alte Bahnhofsgebäude beherbergt Ausstellungsräume mit Arbeiten zeitgenössischer Künstler.

Sehenswürdigkeiten

Almudaina
Palma
Der offizielle Amtssitz von König Juan Carlos auf den Balearen ist eigentlich römischen Ursprungs, trägt aber einen arabischen Namen, da die Mauren das Gebäude in einen herrschaftlichen Palast verwandelten. Thronsaal und Museen können besichtigt werden.

Arabische Thermen
c/Can Serra 7, Palma
Überreste aus der Ära der Mauren sind im Herzen der Altstadt zu sehen.

Calderes
nahe Sant Joan
Diese alte *Finca* ist heute ein Privatmuseum; es gibt auch Tiere.

Castell de Bellver
nordwestlich von Palma
Auf einem Hügel mit Blick über Palma gelegene Zitadelle; im 14. Jahrhundert residierten hier die mallorquinischen Fürsten.

Coves del Drac
nahe Porto Cristo
Die »Drachengrotten« sind das größte von mehreren Höhlensystemen der Insel. Es gibt einen riesigen unterirdischen See.

Gärten von Alfabia
An der Straße Sóller-Palma unweit der Einfahrt zum neuen Tunnel. Von einem maurischen Aristokraten angelegte Gärten.

La Granja
nahe Esporles
Restauriertes Herrenhaus, in dem heute die traditionelle Lebensweise und Handwerkskunst gezeigt werden.

La Seu
Palma
Eine der herrlichsten gotischen Kathedralen Europas. Der berühmte Baldachin stammt von Gaudí. Auf keinen Fall versäumen!

Mirador d'es Colomer
Cap de Formentor
Über einen steilen Pfad zu erreichender Turm mit atemberaubender Aussicht über die Bucht von Alcúdia.

Römisches Amphitheater
nahe Alcúdia
Alcúdia war die römische Hauptstadt von Balearis Major. In der Umgebung findet man mancherlei Spuren der Römer, darunter dieses Amphitheater.

Sa Cartuja
Valldemossa
Unbedingt besuchenswert! Besonders interessant ist das Kloster aus dem 17. Jahrhundert mit einem herrlichen Park und prachtvoller Aussicht über das ganze Tal.

Sa Llotja
Paseo Maritimo, Palma
Das berühmte gotische Gebäude beherbergte seit Mitte des 15. Jahrhunderts die Börse von Palma. Heute finden hier unter anderem Kunstausstellungen statt.

Talayot de Ses Paisses
Artà
Überreste einer bronzezeitlichen Siedlung, deren Grenzmauern erstaunlicherweise zum Teil noch stehen.

Torrente de Pareis
Sa Calobra, Escorca
Der »Grand Cañon Mallorcas« ist nur knappe 30 Meter breit, seine Felswände aber fallen 600 Meter tief fast senkrecht ab. Ein eindrucksvoller Anblick, trotz – oder vielleicht sogar wegen – der kurvenreichen schmalen Bergstraße (Vorsicht beim Hinunterfahren!).

Tren de Sóller
Sóller
Eine alte Eisenbahn bringt Nostalgiebegeisterte von Sóller nach Palma. Ein anderer Zug mit offenen Holzwaggons verkehrt zwischen dem Zentrum von Sóller und Porto Sóller.

Yachten-Vermittlung

Balearic International Yachtbrokers
Club de Mar, Palma
Tel. 971 40 41 09
Luxuriöse Segel- und Motoryachten, Vermietung und Verkauf.

IBIZA

Hotels

Cas Pla
Sant Miquel de Balanzat
Tel. 971 33 45 87 Fax 971 33 46 04
Zauberhaftes Hotel im Norden der Insel.

El Corsario
c/Poniente 5, Eivissa
Tel. 971 39 32 12 Fax 971 39 19 53
In den 60er und 70er Jahren Treffpunkt der Boheme, bietet dieses Gästehaus kleine Zimmer mit gigantischer Aussicht.

Hacienda Na Xamena
Sant Miquel de Balanzat
Tel. 971 33 45 00 Fax 971 33 45 14
5-Sterne-Hotel in einer Reihe inseltypischer weißer Häuser. Die gesamte Einrichtung stammt aus La Maison de l'Éléphant.

Hostal Cala Moli
Apartado 105, Sant Josép
Tel. 971 80 02 02
Ruhige, freundliche Unterkunft inmitten von Kiefernwäldern.

Hotel Les Terrasses
Tel. 971 33 26 43 Fax 971 33 89 78
Ctra. de Santa Eulalia km 1, Eivissa
Die Zimmer und Suiten dieses Hotels verteilen sich auf verschiedene Häuschen. Die Gäste können Tennis spielen, den Pool benutzen und sich von der wunderbaren Küche verwöhnen lassen.

Las Brisas
Porroig
Tel. 971 80 21 93 Fax 971 80 23 28
Exklusives Hotel mit marokkanischer Ausstattung; zwei Zimmer und sechs Suiten mit eigener Terrasse.

La Ventana
Sa Carrosa 13, Eivissa
Tel. 971 39 08 57 Fax 971 39 01 45
Kleines, zauberhaftes Hotel in Dalt Vila (der alten Oberstadt, innerhalb der Stadtmauer).

Restaurants, Cafés und Bars

Balafi
Ctra. Sant Joan, nahe Sant Lorenç
Preiswertes Lokal, das sich bei Einheimischen großer Beliebtheit erfreut. Würste, Schinken und Räucherfleisch aus eigener Herstellung sind besonders schmackhaft.

Ca Na Joana
Ctra. Eivissa a Sant Josép km 10
Tel. 971 80 01 58
Die französisch-katalanische Küche dieser alten *Finca* hat nur abends geöffnet.

Can Costa
Plaça de la Iglesia, Santa Gertrudis
Tel. 971 19 70 21
Eine *Tapas*-Bar mit Blick auf die Kirche des malerischen Dorfes.

Can Den Parra
c/San Rafel 3, Eivissa
Tel. 971 39 11 14
Katalanische Küche in hübschem Ambiente unter freiem Himmel.

Can Pujol
Badia de Sant Antoni,
Port des Torrent
Tel. 971 34 14 07
Bemerkenswert schon wegen der stets frischen Zutaten. Auch die Lage ist wunderbar (Terrasse mit Meeresblick). Spezialität des Hauses ist Fisch mit *aïoli*.

Chez Françoise
Plaça del Parque, Eivissa
Tel. 971 39 19 19
Exzellente Küche auf einem ruhigen Platz.

Es Xarou (auch bekannt als *Chez Mariano*)
an der Straße nach San Josép in Cala Virgin unweit Cala Jondal
Einladendes Restaurant mit wunderbar frischem Fisch.

La Bodega del Medio
Obispo Torres Mayans, Eivissa
Café-Bar mit rustikalem Interieur, gleich neben dem Tor zur Altstadt.

L'Éléphant
Plaça de la Iglesia, Sant Rafel
Tel. 971 19 80 56
Elegantes Restaurant mit ausgezeichneter Küche und wunderbarem Blick auf Eivissa.

Montesol
Plaça Vara del Rey, Eivissa
Die Terrasse dieses Hotels im Kolonialstil ist eine Institution. Seit den 60er Jahren trifft man sich hier zum morgendlichen Kaffee und/oder nachmittäglichen Aperitif.

Sa Cova
Plaça Santa Lucia, Eivissa
Tel. 971 19 16 48
Restaurant mit höhlenartigem Interieur und natürlich geschütztem Freisitz. Die Gerichte sind stets frisch und schmackhaft.

Tagomago
Insel vor Cala Sant Vicent
Verbinden Sie einen Bootsausflug mit einem Abendessen in diesem Terrassenrestaurant direkt am Meer.

Victoria
c/de la Cruz, Eivissa
Bodenständiges Familienrestaurant mit gutem Essen.

Geschäfte

A Media Luz
Obispo Torres Mayans 2, Eivissa
Interessante Mischung aus Alt und Neu.

Ganesha
c/Montgris 14, Eivissa
Basarartiger Laden, in dem Secondhand-Kleidung, aber auch Antiquitäten verkauft werden.

Herbolaria
c/de la Cruz 23, Eivissa
Altmodischer Kräuterladen, in dem Sie sich individuelle »Zaubermischungen« zusammenstellen lassen können.

José Pascaal
c/de la Cruz 30, Eivissa
Eine Vielzahl von Körben und Hängematten machen diesen Laden zu einem Paradies für Liebhaber von Naturmaterialien. Außerdem gibt es traditionelle Produkte von Ibiza.

La Maison de l'Éléphant
Ctra. Eivissa a Sant Antoni, km 2,2
Tel. 971 31 12 54
Der erst kürzlich von dem Innendekorateur Bruno Reymond eröffnete Laden bietet eine bunte Mischung von nützlichen und Deko-Objekten. Der Stil ist multikulturell, viele Möbel und Haushaltsutensilien werden auf Ibiza gefertigt.

Leather shop
Ecke c/Conde de Rosellon und c/d'Anniball, Eivissa
Lederwerkstatt/Laden mit exklusiven Handtaschen und Gürteln.

Pan con Tomate
c/Montgris 2, Eivissa
Tel. 971 31 12 53
Der eklektische Laden des Raumausstatters Victor Esposito – dessen Wohnung in diesem Buch vorgestellt wird. Die zum Verkauf stehende Auswahl reicht von schweren rustikalen Schränken bis hin zu federleichten Schals.

Märkte

Las Dalias
Unweit von San Carlos an der Straße Richtung Santa Eulalia. Samstäglicher Markt, der einen augenblicklich in die 60er Jahre zurückversetzt.

Sehenswürdigkeiten

Kathedrale und Bischofspalast
Dalt Vila, Eivissa
Die Kathedrale wurde im 13. Jahrhundert an der Stelle eines römischen Tempels und einer arabischen Moschee errichtet.

Museu Arqueològic d'Eivissa i Formentera
Dalt Vila, Eivissa
Das Museum birgt eine umfangreiche Sammlung von Artefakten, die zum Teil noch aus der Bronzezeit stammen.

Museu d'Art Contemporani Dalt Vila, Eivissa
In dem Museum, das eine sehenswerte Sammlung spanischer und anderer Künstler besitzt, finden auch Wechselausstellungen statt.

Santa Gertrudis
Dieses Dorf bietet eine Reihe von Antiquitäten- und Kunstgewerbegeschäften. Darüber hinaus gibt es einige ordentliche Cafés, in denen Sie bei *Tapas* und einem Glas Wein Ihre Einkäufe sichten können.

MENORCA

Hotels

Hostal Biniali
Sant Lluís
Tel. 971 15 17 24 Fax 971 15 03 52
Altes Herrenhaus im Inselinneren.

Hotel Port-Mahón
Avda. Fort de L' Eau 13, Mahón
Tel. 971 36 26 00 Fax 971 35 10 50
4-Sterne-Hotel in einem georgianischen Bau mit prachtvollem Blick auf den Hafen.

La Tortuga
nahe Alaior
Tel./Fax 971 37 24 81
Karel Fonteyne hat ein farbenfrohes Gästehaus geschaffen, das in diesem Buch vorgestellt wird. Das Frühstück ist einfach, aber gut, das Abendessen immer reichhaltig und kräftig gewürzt.

Restaurants

Café Balear
c/Marina, Ciudadella
Tel. 971 38 00 05
Eines der besseren Fischrestaurants in der belebten Hafengegend.

Ca'n Nito
Moll de Llevant, Mahón
Tel. 971 36 52 26
Hübsches Lokal mit Blick auf den Hafen.

El Horno
c/d'es Forn 12, Ciudadella
Tel. 971 38 07 67
Nettes Bistro.

Es Cap Roig
Cala Mesquida, nahe Mahón
Tel. 971 36 37 15
Herrlicher Blick über das Meer. Die Spezialität *calderata de llagosta* (Hummer-Ragout) schmeckt köstlich.

Mar y Vent
Moll de Llevant, Mahón
Tel. 971 36 90 67
Fisch und Schalentiere, passend serviert auf einer Terrasse unweit des Hafens.

Plaça d'es Born
Ciudadella
Wunderschöner alter Platz mit Cafés – besonders stimmungsvoll am Spätnachmittag.

Restaurante Na Macaret
c/La Punta 33, Es Mercadel
Tel. 971 37 53 91
Nicht einfach zu finden, aber die Mühe lohnt sich! Die Speisen sind abwechslungsreich, interessant und ausgesprochen schmackhaft.

Märkte

Plaça de la Libertat, Ciudadella
Belebter, bunter Markt, der an die farbenprächtigen Souks Nordafrikas erinnert.

Sehenswürdigkeiten

Bibibeguer Vell
Nachbau eines maurischen Fischerdorfes.

Fornells
Ausgesprochen malerischer natürlicher Hafen an der Nordostküste. Zwei empfehlenswerte Restaurants sind:
Can Miquel
Tel. 971 37 54 59
Siban's
Tel. 971 37 66 19
Beide servieren frischen Fisch und inseltypische Spezialitäten.

Taulas de Trepucó
nahe Mahón
Größte Ansammlung der prähistorischen Talayot-Türme und Taulas (Riesentische); gleichzeitig Standort einer der Festungen, die der Herzog von Richelieu hier 1756 errichten ließ.

Torre d'en Gaumes
Eine bemerkenswert gut erhaltene prähistorische Siedlung, die bis ins Mittelalter hinein bewohnt war.

Troglodyte
Cala Morell
Mit die bedeutendsten bronzezeitlichen Höhlen ganz Europas.

Formentera

Hotels

Capri
Playa es Pujols
Tel. 971 32 83 52
Hübsches, preiswertes Hotel und Restaurant.

Hostal Fonda Pepe
San Fernando
Tel. 971 32 80 33
Angeblich wohnte Bob Dylan in den 60er Jahren in diesem zauberhaften Hotel. Ideal für alle, die dem Hippie-Zeitalter nachhängen.

Restaurants und Cafés

Can Gaviny
zwischen Sant Francesc und San Ferran
Trendiges, buntes Restaurant.

Es Cap
Ctra. Cap Berbería
Tel. 971 32 21 04
Freundlicher Service in einem auf Fisch und Grillfleisch spezialisierten Lokal.

Fonda Rafalet
Es Caló
Tel. 971 13 65 92
Hotel am Meer mit schöner Aussicht auf die Küste.

Plate
Plaça de Constitucion, c/Jaime Primér, Sant Francesc
Gut besuchtes Terrassencafé neben dem Markt, der täglich außer sonntags stattfindet.

Sa Cava
nahe Punta Pedra
Ideal zum Dinieren bei Sonnenuntergang oder bei Mondschein...

Geschäfte

Casa Blanca
c/d'Isidro, Macabich
Inneneinrichtung.

El Abanico
c/Jaime Primér, Sant Francesc
Eine Kombination aus Antiquitäten, inseltypischen Keramiken und Handwerkskunst des Mittelmeerraums.

Sehenswürdigkeiten

Cap Berbería
Eine der frühesten Siedlungen auf den Balearen (Jungsteinzeit/ Bronzezeit).

Sa Tanca Vella
Sant Francesc
Eine winzige Kapelle aus dem 14. Jahrhundert, errichtet für die ersten Siedler aus Ibiza.

Seitenzahlen im **Fettdruck** beziehen sich auf den Adressenteil.

Die Autoren danken all jenen, die ihnen Zugang zu ihren Häusern und Einblick in ihr Privatleben gewährt haben.

Lanning Aldrich: Mein Dank gilt allen, die an diesem Buch aktiv mitgewirkt haben. Darüber hinaus danke ich: Georges und Cecilie Sheridan, beides talentierte Künstler, für ihre Ratschläge und Informationen, vor allem hinsichtlich der Künstlerkolonie Deià und Mallorca; Jeff und Margaret Flood, die mir gerade in linguistischer Hinsicht eine immense Hilfe waren (auf den Balearen sind die Grenzen zwischen Kastilisch, Katalanisch, Mallorquín, Eivissenc und Menorquín wesentlich fließender, als man zunächst meint); sowie Emma-Louise O'Reilly, die sich viel Mühe gegeben hat, den Text in die letztlich gültige Form zu bringen. In diesem Buch kommen häufig Wörter wie »Stil«, »Flair« und »Geschmack« vor, und ich wüsste keine besseren, um meine Ehefrau Shelley Page zu beschreiben, die meine Liebe zu den Balearen teilt und mir ständig mit Rat und Tat sowie konstruktiver Kritik zur Seite stand.

Aus dem Englischen übersetzt von Eva Dempewolf für GAIA Text, München
Satz und Produktion: GAIA Text, München
Umschlaggestaltung: Horst Bätz

Die Originalausgabe mit dem Titel *Mallorca, Ibiza, Menorca and Formentera* wurde erstmals 1998 im Verlag Conran Octopus Limited, London, veröffentlicht

Druck und Bindung: Toppan Printing Co., (H.K.) Ltd.
Printed in China

ISBN 3-88472-375-8